Balam Ibarra

Zur Weisheit hin

Über den Autor:

Juan Carlos (Balam) Ibarra wurde im Jahr 1960 in Mexiko-Stadt geboren. In den frühen 80er Jahren interessierte er sich für den Roten Weg, die Philosophie der Ureinwohner Nordamerikas, und begann eine Reihe von Reisen zu verschiedenen Indianerreservaten in den Vereinigten Staaten von Amerika, wo er über 20 Jahre bei Medizinmännern der Cherokee, Lakota und Diné lernte. Er ist Leiter der Hamblechya-Zeremonie (Visionssuche).

Balam Ibarra ist Geschäftsführer einer Unternehmensberatung, welche auf die Entwicklung von nachhaltigen Unternehmen im ländlichen Raum in Mexiko spezialisiert ist, und hat gemeinsam mit Gemeinschaften von Eingeborenen am Schutz und der Rettung von fast einer Million Hektar Wald gearbeitet.

Er lebt derzeit in Valle de Bravo, Mexiko, wo er sich auf die Vermittlung des Roten Weges, die Entwicklung von nachhaltigen Wohnungsbausystemen und das Schreiben konzentriert.

Balam Ibarra

Zur Weisheit hin

Das uralte Wissen der Indianer Nordamerikas
als Wegweiser in eine neue Zeit

Driediger Verlag
Dahlienweg 13
49124 Georgsmarienhütte
E-Mail: verlag@driediger.de

Juan Carlos Ibarra Pouliot (Balam Ibarra): Zur Weisheit hin

Titel der Originalausgabe: Deteniendo el Terremoto
Aus dem Spanischen von Wolfgang M. Hunklinger

2. Auflage: 2021
Lektorat: Matthias Häber
Umschlaggestaltung: Devin, design@major-movez.de
Druck: ScandinavianBook

ISBN: 978-3-932130-28-1

Inhalt

Erster Kontakt 7
Die jungen Alten 13
Das Erdbeben stoppen 25
Die Zeremonie für die Erde 30
Die Zeremonie für das Wasser 41
Die Zeremonie für das Feuer 51
Die Karte des Lebens 70
Der rote Weg 81
Wie man einen untadeligen Krieger bäckt 96
Persönliche Macht 108
Nachwort 113
Widmung 115

Erster Kontakt

„Dies sind die Männer, über die ich mit dir gesprochen habe“, sagte Omar, nachdem er mich wie immer mit einer Umarmung begrüßt hatte. „Das ist Manlio.“ Er deutete auf einen jungen, dunkelhäutigen Mann, der seine äußerst lange Mähne mit einem texanischen Hut bedeckte. Ich schätzte, dass er ein Alter von etwa fünfunddreißig Jahren hatte. „Und das ist Ramiro“, schloss Omar, indem er mit der Hand auf einen weiteren Mann im gleichen Alter, aber mit kurzem, hellbraunen Haar und nahezu blauen Augen zeigte.

Als kuriose Anmerkung möchte ich festhalten, dass ich Manlio niemals ohne Hut sah, außer ein einziges Mal, als wir zum Baden in einen Swimmingpool stiegen. Die übrige Zeit behielt er ihn stets auf. „Im Hut kultiviere ich einen Diamanten“, antwortete er mir später einmal auf meine Frage, warum er seinen Kopf niemals entblößte.

Ich schüttelte beiden die Hände und trat anschließend näher an die Frauen heran, die sie begleiteten, um auch sie zu begrüßen. Manlios Begleiterin war eine sehr große und blasse Frau, die aus einer privilegierten Gesellschaftsschicht zu kommen schien. Im Gegensatz dazu war Ramiros Begleiterin klein gewachsen, dunkelhäutig und mollig.

„Ah!“, sagte Omar. „Das sind Paula“, wobei er sich auf die Großgewachsene bezog, „und Sonia, ihre Frauen.“

Nachdem die gegenseitige Vorstellung erledigt war, gingen wir in ein Café. Die Männer wählten einen Tisch für uns und einen anderen für die Frauen, beide weit voneinander entfernt.

„Es ist nicht gut, dass die Frauen alles wissen, was die Männer reden", erläuterte Manlio.

„Und auch nicht andersherum", merkte Ramiro an.

„Das stimmt", pflichtete Ersterer bei, „wenn auch aus anderen Gründen."

„Na klar!", rief Ramiro, wobei er laut auflachte, „wenn einer alles hören würde, was seine Frau sagt, müsste er verrückt werden."

Stille trat ein, hauptsächlich, weil ich mich wegen des Umgangs, welchen diese zwei mit ihren Gefährtinnen pflegten, ein wenig unbehaglich fühlte, und weil ich nicht der Erste sein wollte, der zu reden begann.

Schließlich brach Manlio das Schweigen: „Wir haben von dir durch Omar erfahren, den wir als guten Freund, fast als Bruder betrachten. Wir hatten ihn mit der Mission beauftragt, dich zu finden, und er hat dich gefunden."

Er heftete seinen Blick auf meine Augen, als ob er etwas suchte, während er den langen und spärlichen Bart kraulte, der sein Kinn nur schlecht bedeckte. Dann sah er Ramiro fest an und sagte nur: „Er ist es."

Seine Worte beeindruckten mich nicht. Es schien mir, als versuchten sie sich mit einer Aura des Geheimnisvollen zu umgeben, aus meiner Sicht ohne viel Erfolg. Ich wusste sofort, dass sie mich um etwas bitten würden, weshalb ich nichts sagte und wartete, um zu sehen, welchen Weg der Rest des Nachmittags nehmen würde.

Omar schaltete sich ein: „Ich kenne ihn seit geraumer Zeit, er ist ein guter Mensch."

Dieser Satz überraschte mich doch, denn Omar war mein langjähriger Freund. Wir hatten zusammen einige Reisen unternommen und gemeinsam manches Abenteuer in den Urwäldern im Süden Mexikos erlebt; niemals hatte ich ihn derart pedantisch empfunden. Sein Kommentar erschien mir völlig fehl am Platz. Ich wollte es ihm sagen, zog es aber vor, zu schweigen und noch ein wenig abzuwarten.

Die Situation war genau genommen nicht unbehaglich, aber man fühlte eine gewisse Spannung, eine Art Konfrontation zwischen stillen Mächten. Schlussendlich sprach Manlio wieder: „Wir brauchen deine Hilfe."

Ich lächelte und dachte: „Ich wusste es, dass sie mich um etwas bitten würden."

„Womit kann ich euch dienen?", fragte ich in neutralem Ton.

„Also", antwortete Ramiro, „in Wirklichkeit ist es nicht ein Dienst für uns, sondern für einen betagten Meister. Im Austausch für diese Hilfe wirst du viele Vorteile haben."

„Viele Vorteile", wiederholte Manlio, ohne mich anzusehen, und nach einer Pause fügte er hinzu: „Du wirst etwas erhalten, das du gesucht hast, ohne zu wissen, was es ist."

„Na gut", sagte ich, wobei ich versuchte, völliges Desinteresse zur Schau zu tragen, „wovon sprechen wir? Könntet ihr vielleicht etwas konkreter werden?"

Ich bemerkte, dass Omar sich verspannte, als er meine Worte hörte, aber die beiden Männer lächelten einander zu und sagten unisono: „Er ist es!"

„Jetzt habe ich wirklich nicht mehr den geringsten Zweifel", sagte Ramiro und gab mir einen Klaps auf den Rücken.

„Um was wir dich bitten wollen, ist, dass du einen betagten Meister in deinem Haus einquartierst. Er wird so um die zehn oder fünfzehn Tage hier sein, abhängig davon, wie schnell seine Arbeit beendet ist“, erklärte Manlio kurzerhand, wobei er mir dieses Mal in die Augen sah.

Der Vorschlag erschien mir verrückt. Zu jener Zeit befand ich mich inmitten eines persönlichen Experiments, das darin bestand, in einer Holzhütte in den Bergen nahe der Stadt, ohne jeglichen Komfort zu leben. Daher hatte ich weder fließendes Wasser noch Strom oder Telefon, und viele Male fiel die Temperatur im Innern der Hütte nachts und am frühen Morgen unter null Grad.

„Omar“, merkte ich überrascht an, „du hast ihnen schon erklärt, wo und wie ich lebe?“

„Selbstverständlich“, antwortete er, „und ich muss dir sagen, dass dein Haus ganz genau dem entspricht, worum sie mich gebeten haben. Daher glauben wir alle, dass du der Auserwählte bist.“

„Was meinst du mit ‚der Auserwählte‘? Auserwählt wofür und von wem? Diesen Begriff verstehe ich ehrlich gesagt nicht“, bemerkte ich und starrte ihn an.

„Und du hast recht“, schaltete Manlio sich ein, „die Auserwählten gibt es nicht. Das ist ein Blödsinn, den die Juden erfunden haben.“

„Und die Chinesen“, fügte Ramiro hinzu, „und die Azteken.“

„Und die Araber“, ergänzte Omar, „und die Japaner.“

„Und die Griechen, die Ägypter, die Tibeter … alle Völker glaubten oder glauben sich auserwählt, na und?“, bemerkte ich ungeduldig.

„Du bist nicht der Auserwählte, Juan“, rief Manlio aus, „nur der Richtige.“

„Das ist es!“, sagte Ramiro. „Du bist der Richtige!“

Ich schaute in ihre lächelnden Gesichter. Das von Manlio war besonders rätselhaft. „Sie betrügen mich nicht“, dachte ich, „sie wollen mich verkohlen!“ Aus Neugier fragte ich schließlich: „Und wer ist dieser Meister?“

„Es ist ein betagter Cherokee, der aus den Vereinigten Staaten kommt, um mit uns eine Arbeit zu verrichten. Er braucht einen abgelegenen und kalten Ort nahe den Bergen ... genau wie dein Haus“, bekräftigte Manlio.

Das Wort Cherokee veränderte alles. Unverzüglich fühlte ich ein unsägliches Verlangen, ihn kennenzulernen. „Aber mein Haus hat weder Toilette noch Strom, es gibt keinerlei Annehmlichkeit“, warf ich ein.

„Der Hauptfeind der Freiheit ist die Annehmlickeit“, erläuterte Ramiro. „Wer also sein Leben mit der Suche nach ihr verbringt, endet damit, sich in jenes zu verwandeln, was er so sehr suchte, das heißt, in einen Cómodo.“*

Ich war der Einzige, der lachte, denn der Vergleich erschien mir großartig und ganz und gar treffend. Ich dachte mir, die anderen hätten die Metapher schon so viele Male gehört, dass sie den Spaß daran verloren hatten.

„Meister Leonard Two Eagles ist ein Krieger“, sagte Omar, „er ist weit jenseits aller Annehmlichkeit ... genauso wie du“, schloss er mit einem Augenzwinkern.

Ich unterliege leicht der Schmeichelei. Meister Two Eagles hatte einen Ort, wo er bleiben konnte.

Übrigens, der Grund, warum mich Ramiros Kommentar über die Annehmlichkeit so sehr zum Lachen brachte, war eben jenes persönliche Experiment, welches genau darin bestand, absichtlich auf alle Annehmlichkeiten zu verzichten, um zu sehen, was mit mir geschehen würde, wenn ich voll-

---

* Anm. des Autors: Eine Art Nachttopf, der in Krankenhäusern verwendet wird, wenn sich Patienten nicht zur Toilette bewegen können.

ständig zu arbeiten aufhörte und mich ganz dem Sport und dem Schreiben widmete. Ich hielt es an jenem Ort und unter jenen Umständen fast sechs Jahre lang aus. Und falls ihr euch fragt: Überhaupt nichts geschah mit mir, ich nahm nicht einmal ab.

Die jungen Alten

Manlio und Ramiro ließen sich die „jungen Alten" der toltekischen Tradition nennen. Auch heute noch weiß ich nicht genau, was oder wer sie waren. In den folgenden Monaten lernte ich drei weitere aus ihrer Gruppe kennen: einen wirklich jungen Mann, den sie Carlitos nannten und der ihr „Mann des Feuers" war, seine Frau Olga und eine junge Frau namens Adriana, die im Süden von Mexiko-Stadt lebte; ihren Lehrmeistern jedoch begegnete ich nie. Am Rande erfuhr ich, dass sie in Veracruz lebten und große Magier und Heiler waren. Sie schlugen mir sogar vor, einen von ihnen aufzusuchen, damit er mir einige Tropfen auf den Penis gebe (Ramiro nannte ihn „den Chili"), was mich vor jeglicher Geschlechtskrankheit, einschließlich AIDS schützen sollte.

Ich nahm an, um einen guten Eindruck zu machen, überzeugt davon, dass keinerlei Tropfen auf den Chili es einem ersparen würden, Kondome zu benutzen, aber aus irgendeinem Grund gingen wir nie hin. Ich fragte mich, welchen Nutzen diese vorbeugende Behandlung in ihrem Leben hatte, wenn sie beharrlich und besessen zölibatär waren, und sie schimpften mich jedes Mal, wenn sie erfuhren, dass ich mit meiner Freundin geschlafen hatte.

Ihre Praktiken und Lehren erwiesen sich für mich als schrecklich konfus, ja sogar absurd. In meinen Abmachungen mit ihnen gab es stets etwas, was mir nicht ganz gefiel; dennoch lebte ich mehrere Monate lang eng mit ihnen zusammen und mit etwas Abstand empfinde ich ihren Beitrag zu meinem Leben als sehr positiv. Schlicht und einfach dafür, dass sie mich Leonard vorgestellt haben, werde ich ihnen stets dankbar sein.

„Nicht jeder kann einen Lehrmeister auf dem Niveau von Two Eagles aufnehmen", erläuterte Ramiro, „wir werden dich vorbereiten müssen."

„Wie lange wird die Vorbereitung dauern?", fragte ich.

„Drei Monate."

Ich beschloss, nicht allzu viel darüber nachzudenken, und am Tag nach unserem Treffen im Café zogen Manlio, Ramiro, Sonia, Paula und ich in mein winziges Haus in den Bergen.

Es mussten viele Anpassungen vorgenommen werden. Die Frauen schliefen im Erdgeschoss, Manlio und Ramiro in meinem Bett im Obergeschoss und ich auf dem Dachboden, den wir weiter oben herrichteten.

„Aber, mein Liebling", rief Mara, meine Freundin, eine große und schlanke Italienerin aus, als ich ihr erzählte, auf was ich mich eingelassen hatte. „Du bist wirklich verrückt. Du weißt nicht einmal, wer sie sind. Sie werden dir doch wohl nichts antun."

„Mach dir keine Sorgen", antwortete ich ihr, „es ist das Widersinnigste, was mir je passiert ist, und ich möchte zu gern sehen, wo das enden wird."

Paula und Sonia gingen einkaufen, bereiteten die Mahlzeiten zu, machten Wasser warm, damit wir baden konnten, etc. Sie waren eine Mischung aus Mamas und Gewahrsam von uns dreien.

Aus irgendeinem Grund erschienen Garnelen mehrere Male pro Woche auf dem Speiseplan. „Iss sie", sagte Ramiro jedes Mal, wenn sie uns serviert wurden, „du wirst sie brauchen. Kein Lebensmittel ist so wirkungsvoll wie dieses." Ich bin halber Hypochonder und dachte nur an die Unmengen von Cholesterol, die wir zu uns nahmen.

Unsere tägliche Routine bestand darin, chaotische und tiefe Atemübungen (Feueratmung) genau dann durchzuführen, wenn die Sonne aufging, und lange Fußmärsche durch den Wald zu unternehmen, während derer Manlio Pflanzen sammelte und mir erklärte, wozu sie dienten: Verzauberungen, Heilbehandlungen und weitere wahrlich unglaubliche Dinge, etwa dass sie Telekinese begünstigten oder Wesen aus anderen Dimensionen herbeiriefen. Heute denke ich, dass er jede Pflanze mitnahm, die ihm gefiel, und sich eine Verwendung für sie ausdachte.

Während der Spaziergänge wechselten Manlio und Ramiro sich dabei ab, mir Lehrgeschichten zu erzählen, die meinem Urteil nach weder Hand noch Fuß hatten, wie diese, welche mir Manlio eines Nachmittags erzählte: „Es war vor langer Zeit eine Hexe, welche sich täglich kämmte, indem sie ihren Kopf neigte und sich vom Nacken abwärts bürstete, wie deine Freundin. Die Wesen des Waldes wussten, dass sie sie auf diese Weise verhexte, und kreisten sie eines Nachts neben einem riesigen Baum ein. Dort zündete eines von ihnen die Hexe an. Da trocknete der Wald aus. Das Böse war vorbei, aber auf Kosten der Schönheit."

Nie sagte er mir, um welche Wesen es sich handelte, und auch nicht, was die Geschichte bedeutete. Wenn ich ihn irgendetwas fragte, antwortete er: „Ich habe dir jene Geschichte erzählt, weil sie für dich bestimmt war, frag mich nicht weiter".

Ein anderes Mal zeigte mir Ramiro eine Zeichnung, die er in einem Heft gemacht hatte. Es war ein Kreis, der wie eine Torte in Segmente unterteilt war. Jedes Segment enthielt ein Symbol und einen Ton. „Das ist ein Mantra-Generator", sagte er zu mir. Die Zeichnung war schlecht gemacht und die Töne waren in Wirklichkeit zweibuchstabige Silben, welche aus einem Konsonanten und einem Vokal bestanden, wie etwa MA, MO, LU oder AN. Indem er mit den Fingern auf verschiedene Segmente deutete, erzeugte er unterschiedliche Kombinationen. Auf einem anderen Blatt führte er Berechnungen durch und abhängig vom Ergebnis sangen wir die Mantras, die er festlegte. Nie kamen wir zu dem Punkt, dass er mir das Berechnungssystem erklärte. Jedes Mal, wenn ich ihn etwas fragte, wich er dem Thema aus und erwiderte verärgert: „Das sind Informationen, die für dich bestimmt sind, du musst sie lernen!“ Nie sagte er mir, wie ich sie lernen sollte oder was sie bedeuteten, und auch nicht, wofür die Mantras gut waren.

Das interessanteste der Versprechen, die niemals erfüllt wurden, war schließlich, mir beizubringen, wie man Objekte „materialisiert“. Sie fertigten beispielsweise die Zeichnung eines Apfels an und verdeckten sie mit einem Hut, machten magische Handbewegungen und wiederholten sonderbare Worte. Nachdem sie das etwa zehn Minuten lang getan hatten, sagten sie: „Dort ist er schon, wir haben ihn Herrn Soundso gesendet.“ Auf mein Drängen, den Apfel jemandem zu senden, den ich kannte und der bestätigen könnte, dass der Apfel tatsächlich aus dem Nichts erschienen sei, war ihre wütende Antwort erneut: „Wir geben dir diese Information, weil sie für dich bestimmt ist, aber es ist unmöglich, wenn du so viele Fragen stellst.“ Ich hörte auf zu fragen, und sie „schickten“ weiterhin Objekte, aber das Wissen darüber, wie man es macht, war nie für mich bestimmt.

Dagegen war es eines Tages sehr wohl für mich bestimmt, Ramiro ins Krankenhaus zu bringen. Der Wächter des Hauses nebenan, ein Trunkenbold von etwa siebzig Jahren mit einer pockennarbigen und wulstigen Nase, hatte ihm eine ordentliche Tracht Prügel verpasst. Anfangs glaubte ich die Version eines ungerechtfertigten Angriffs, später erfuhr ich, dass es ein Streit zwischen Betrunkenen gewesen und Ramiro gestolpert war, als er einen Faustschlag anbringen wollte, und mit dem Gesicht auf einen Stein schlug.

Warum fütterte ich sie weiterhin durch, obwohl das, was sie mir angeblich beibrachten, offensichtlich keinerlei in sich logische Philosophie enthielt und es auch keine Art und Weise gab, ihre Behauptungen nachzuprüfen, dass sie Raum und Materie magisch beeinflussten? Ich weiß es nicht. Ein Teil von mir glaubte an sie, weil ich übernatürliche Kräfte zu erwerben wünschte wie diejenigen, welche Castañeda in seinen Büchern über Don Juan beschrieb, so vermute ich. Andererseits hatten sie eine außergewöhnliche Fähigkeit darin, mir die bittere Pille zu versüßen und mich durch mein Ego anzusprechen, und schließlich wollte ich den Cherokee-Meister kennenlernen, den wir erwarteten.

Ich bin froh, so naiv gewesen zu sein. Das ist die Wahrheit.

Die Frauen begleiteten uns nie auf den Spaziergängen durch den Wald, und in all der Zeit wechselte ich weniger als zwanzig Worte mit ihnen. Sie mieden mich unverblümt, und ihre Männer sagten mir ständig, wie schlecht es sei, sich mit ihnen zu unterhalten, ganz zu schweigen, mit ihnen zu schlafen.

Eines Tages, nachdem mehr oder weniger ein Monat vergangen sein mochte, sagte Ramiro plötzlich: „Two Eagles kommt, um ein Erdbeben zu stoppen, welches sich ereignen wird und Mexiko-Stadt zerstören kann."

Ich erlitt eine furchtbare Enttäuschung. Meine Vermutungen bestätigten sich: Jetzt war ich wirklich vollkommen davon überzeugt, dass sie Scharlatane waren. Gleichwohl waren wir zu jenem Zeitpunkt bereits relativ gute Freunde geworden und ich beschloss, wie vereinbart weiterzumachen.

In jener Nacht zog ich auf meinem Dachboden Bilanz dessen, was ich von den jungen Alten gelernt hatte: einige Mantras, die wir bei Sonnenuntergang sangen; viel über Kräuterkunde, zumindest theoretisch, weil wir die Pflanzen nie nutzten, die Manlio sammelte; eine Menge unzusammenhängender Geschichten und ein bisschen mehr. Schlussendlich erschien mir die Bilanz nicht sehr günstig, und das machte mich wütend.

Zur damaligen Zeit arbeitete ich in einem ziemlich berühmten Zentrum für Heilung durch Handauflegen und Quarze mit einem Meister, den ich Meister J. nennen werde und welcher später ein gewisses Renommee erlangte, denn er trat im Fernsehen auf und kümmerte sich um vermögende Personen und schöne Frauen. Ich war Heilkünstler und Lehrling. Ich verdiente nicht schlecht, obwohl ich wenig Handlungsfreiheit genoss, weil der Meister alle Diagnostiken durchführte und ich mich darauf beschränkte, die Behandlung vorzunehmen. Zudem war er ein sehr intoleranter und autoritärer Mann. Doch auch wenn er seine Weisheit ganz und gar nicht praktizierte, lehrte er mir dennoch die Grundlagen der äußerst schwierigen Kunst, sich der Wahrheit über sich selbst zu stellen, eine Fertigkeit, die absolut unerlässlich ist auf dem Weg des Suchers nach der Freiheit.

Als Meister J. Manlio und Ramiro kennenlernte, warnte er mich, dass Schamanen ihrer Art, wie er sie nannte, sehr wenig ernsthaft seien. „Eine der Künste, die sie pflegen“, sagte er, „ist die Verstellung, die Verschleierung, die Täuschung. Ich glaube, dass es diesen gewissen Two Eagles gar nicht gibt, dass sie dir nur das Geld aus der Tasche ziehen.“

Ungeachtet dessen empfing er sie brüderlich in seinem Zentrum, und wir vier führten gemeinsam viele Meditationen und Arbeiten derjenigen Art durch, welche die Leute Magie zu nennen pflegen, welche aber in Wirklichkeit nur die Ausübung von Fertigkeiten ist, die jeder erlernen kann, wenn er ihnen seine Zeit widmet und jemanden findet, der sie ihm beibringt. Auch wenn diese Praktiken interessant sind, haben sie nur eine sehr nebensächliche Bedeutung im Leben und bei der Suche eines Menschen danach, sich zu befreien.

Die Praktiken, die ich meine, waren verbunden mit dem Glauben, eine Person könne eine andere verhexen und eine dritte könne diese Verhexung rückgängig machen. Wir verbrachten die Zeit also damit, Zaubereien zu vereiteln und alle Arten von Reinigungen an Personen, Geschäften und Häusern durchzuführen. Ich muss gestehen, dass ich vollkommen davon überzeugt war, dass die schwarze und weiße Magie wirklich existierten. Ich verwendete Halsketten, Federn, rote Bänder und Quarze, um mich vor den Hexenmeistern zu schützen, deren Arbeiten ich aufzuheben gedachte. Unter keinen Umständen führte ich derartige Handlungen aus, ohne den Samen eines Korallenbaums gut in meinem Bauchnabel fixiert zu haben.

Meister J.s Lieblingstechnik, um ein Geschäft oder ein Haus zu beschützen, war ihm von einem Medizinmann der Apachen, der Enkel Geronimos genannt wurde, beigebracht worden: Die Technik besteht darin, fünf mittelgroße, möglichst klare und spitze Quarze zu beschaffen und je einen von ihnen an jeder Ecke des Grundstücks mit Tabak, in einem Blumentopf, wenn es keinen besseren Ort gibt, zu vergraben. Den fünften Quarz platziert man, mit ein wenig Tabak in ein rotes Tuch eingewickelt, an einem erhöhten Platz, möglichst nah am Zentrum des Gebäudes. Der Schamane singt dann ein besonderes Lied, während er visualisiert, dass die Quarze sich mit Lichtstrahlen vereinigen, bis sie eine Pyramide bilden.

Ein Hauptbestandteil aller Techniken, welche wir anwendeten, war, zu visualisieren. Das heißt, sich Linien aus Licht, geometrische Figuren und derartige Dinge vorzustellen und sie mit dem Geist auf Objekte oder Menschen zu projizieren. Manchmal wurden die Personen, um die wir uns kümmerten, gesund, manchmal blühten die Geschäfte. Und viele Male, offen gesagt in der Mehrzahl der Fälle, passierte überhaupt nichts.

Jahre später verstand ich, wie Magie funktioniert und wie man sie viel effektiver durchführt. Alejandro Jodorowski, der Assistent keines Geringeren als Pachita* war, ist ein Meister jener Kunst, und er ist es auch, der den wunderbaren Begriff Psychomagie prägte. Ich gelangte viele Jahre, bevor ich ihn gelesen hatte, zu den gleichen Schlussfolgerungen wie er, aber das spielt eigentlich keine Rolle. Zwei Menschen, welche ausreichend lange distanziert und systematisch das gleiche Phänomen beobachten, werden früher oder später zu ähnlichen Schlüssen kommen.

Ich glaube nicht mehr an die Magie, die ich praktizierte. Ich benutze keinen Schutz mehr und gehe auch nicht zu Geschäften oder Häusern, um Reinigungen durchzuführen. Allerdings bin ich zu einem überzeugten Praktiker der Psychomagie geworden, und mit sehr guten Ergebnissen.

---

* Anm. des Autors: Vielleicht der berühmteste Medizinmann, den es in Mexiko gegeben hat. Viele Künstler und Psychologen arbeiteten mit ihm zusammen und bestätigen unglaubliche medizinische Wundertaten. Pachita channelte angeblich den Geist Cuauhtémocs, des letzten Tlatoani der Azteken.

Einmal veranstaltete Meister J. in seinem Zentrum etwas, was er eine Energiekirmes nannte, zu der wir Heiler unsere Dienste dem teilnehmenden Publikum anboten. Derjenige, der am meisten Geld ansammelte, war Ramiro mit seinem Stand des Schneckenlesens. Sein Charisma und seine Zungenfertigkeit, gepaart mit der eleganten Art und Weise von Magie, die ihn charakterisierte, machten ihn sehr populär.

Bei einer anderen Gelegenheit rief derselbe Ramiro bei Meister J. furchtbares Missfallen hervor, als er die drei Hunde, die im Zentrum lebten, in den Swimmingpool des Hauses warf.

„Jene Hunde waren sehr gelangweilt", erläuterte mir Ramiro am folgenden Tag. „Ich habe sie ins Wasser geworfen, damit sie sich lebendig fühlen!"

So war Ramiro: respektlos und lustig, mit genialen Einfällen. Es war sehr schwierig, zu vermeiden, dass man ihn ins Herz schloss, und gleichzeitig war er ein Lügner und Trinker, der seine Frau beschimpfte, wann immer er nur konnte.

Es hat keinen Zweck, Menschen zu verurteilen, wenn die menschliche Psyche fähig ist, immense Widersprüche zu beherbergen. Ich weiß immer noch nicht, ob Manlio und Ramiro gute Menschen waren oder nicht. Offen gesagt, ist es mir egal. Ich weiß, dass sie nichts materialisierten, dass sie nicht Wort hielten, dass sie ihre Frauen sehr schlecht behandelten. Ich weiß, dass sie meine Gutgläubigkeit ausnutzten und dass sie sogar Dinge aus meinem Haus stahlen. Ich weiß aber auch, dass all das vollkommen irrelevant ist. Sie traten in mein Haus durch die Tür, die ich öffnete, und auf die gleiche Weise gingen sie wieder hinaus. In unserer Beziehung geschah nichts, was ich nicht erlaubt oder sogar gewünscht hätte.

Als es nur noch weniger als eine Woche bis zur angeblichen Ankunft des Meisters war, sagte Manlio eines Morgens zu mir: „Wir haben viel und gut gearbeitet. Aber es ist wichtig, eine Sache mehr zu machen, bevor wir dein Haus Meister Two Eagles zur Bewohnung überlassen."

„Wie, bevor wir es dem Meister zur Bewohnung überlassen? Ich habe keinen anderen Ort, zu dem ich gehen könnte. Ich werde im Haus bleiben und dieses Thema steht nicht zur Diskussion", protestierte ich.

„Natürlich wirst du bleiben! Wer wird sich um Two Eagles kümmern, wenn nicht du?", antwortete er. „Ich sage nur, dass es nötig ist, etwas sehr Schwieriges in deinem Haus zu machen. Es hat sich sehr viel Schmerz zwischen seinen Wänden angehäuft und nichts von dem, was wir bisher getan haben, hat ihn hinausbefördern können."

Der Schmerz, den er meinte, war, dass ich in jenem Häuschen das erfuhr, was ich zu jenem Zeitpunkt für einen Verrat derjenigen Person hielt, die meine Frau war. Ich weiß nicht mehr wie viele, aber es waren sehr viele Stunden, die ich dort leidend verbrachte, die Tränen erstickend, aus seinen Fenstern in den Wald hinausblickend.

„Und was ist zu tun?", fragte ich.

„Hohe Magie", antwortete er in seiner vollkommensten Verkörperung des geheimnisvollen Schamanen, mit halb geöffneten Augen und tiefer, ernster Stimme.

Dieser Ausdruck rief bei mir ein Erschaudern hervor. „Na dann los, machen wir's", willigte ich schließlich ein.

„Nein", sagte Manlio mit fester Stimme, „du bist nicht qualifiziert. Geh ins Dorf und komme in vier Stunden zurück."

Zu diesem Zeitpunkt kannte ich Manlio gut genug, um zu wissen, dass es keinerlei Sinn machte, zu diskutieren, und auch wenn ich die Anwendung hoher Magie in meinem Haus hätte verhindern können, so dachte ich, es sei das Beste, zuzulassen, dass sich all meine schmerzvollen Erinnerungen mit einem Mal zum Teufel scherten.

Als ich zurückkam, entdeckte ich, dass diese beiden Männer wahrhaftig große Zauberer waren. Aller vorheriger Unsinn war vergessen. Ganz sicher hatten sie hohe, sehr hohe Magie angewandt. Heute weiß ich, warum Manlio zu mir gesagt hatte, ich sei nicht qualifiziert, sie anzuwenden, auch wenn es das Einfachste der Welt gewesen war. Wenn ich geblieben wäre, um zu helfen, hätte ich, aufgrund meiner Neigung, alles zu rationalisieren, verhindert, dass die Magie sich ereignete. Nach Vollendung ihrer Arbeit und meiner Rückkehr konnte ich nicht anders, als sie zu bewundern und eine tiefe Dankbarkeit zu fühlen. Jedes in sie angelegte Geld war gut ausgegeben worden.

Die hohe Magie des Schamanen Manlio bestand darin, ganz und gar alles aus dem Haus hinauszubefördern. Nachdem das erledigt war, wusch er die Böden und Wände gründlich ab. Anschließend zeichnete er mit einem Räucherstäbchen in jeder Ecke des Hauses ein Kreuz aus Rauch in die Luft, das in einen Kreis eingeschlossen war. Danach reinigte er die Möbel und wusch alle Wäsche. Er warf industrielle Mengen von Müll und Gerümpel weg und trug am Ende alles wieder ins Haus. Aber – und hier kommt das Wichtigste – er stellte nichts wieder an seinen ursprünglichen Platz.

Als ich mir das Innere meiner Hütte anschaute, spürte ich eine unermessliche Erleichterung. Alles war erneuert und roch sauber. Es war ein anderes Haus! Es gab praktisch nichts mehr, was mich an meine Exfrau erinnerte.

„Jetzt“, lächelte Manlio, „ist es wirklich ein Palast, würdig, den Meister zu empfangen.“

Das Erdbeben stoppen

Entgegen dem, was Meister J. prophezeit hatte, fuhr ich eines Frühlingsabends mit meiner Gruppe von Freunden zum Flughafen von Mexiko-Stadt, um den bejahrten Cherokee-Meister Leonard Two Eagles abzuholen.

Als die jungen Alten ihn aus der internationalen Ankunftshalle kommen sahen, liefen sie los, um ihn zu umarmen. Der gesamte Flughafen füllte sich mit ihrem Gelächter.

Zu meinem Erstaunen sprach weder Two Eagles spanisch noch die Mexikaner englisch. Sie verbrachten einige Minuten damit, sich gegenseitig anzulächeln. Schließlich stellte Manlio mir Leonard schreiend und auf Spanisch vor. Es ist sonderbar, dass wir glauben, jeder, der eine andere Sprache als die unsere spricht, würde uns nicht verstehen, weil er taub sei und nicht weil er einfach nur unseren linguistischen Code nicht kennt.

Leonard lächelte mich an und ich grüßte ihn auf Englisch. Dann geschah etwas Wunderbares, denn ich wusste plötzlich, dass ich jemanden gefunden hatte, den ich suchte, seit ich ein Kind war, genau wie mir die jungen Alten an jenem ersten Nachmittag im Café gesagt hatten. Allein durch seine Präsenz hatte dieser großartige alte Mann eine wichtige Tür für mich geöffnet.

Erstaunlicherweise sah Leonard wie jeder Gringo aus. Er hatte helle Haut und blaue Augen. Sein Körper war stämmig und wirklich groß. Einige Tage später erzählte er mir, dass im

Gegensatz zu anderen indianischen Völkern wie den Lakota, die auch heute noch versuchen, die Reinheit ihrer Rasse zu erhalten, die Cherokee vor zwei Jahrhunderten beschlossen, sich als Überlebensstrategie mit den Weißen zu vermischen, weshalb ihre Gesichtszüge und ihre Hautfarbe nicht mit dem Stereotyp übereinstimmen, den wir von Indianern haben. Die Strategie funktionierte, denn heutzutage sind genau sie die zahlenmäßig größte Gruppe von Ureinwohnern in den Vereinigten Staaten von Amerika.

In jener Nacht verabschiedeten sich die jungen Alten von uns.

„Sag dem Meister, dass wir uns zum richtigen Zeitpunkt in deinem Haus wiedersehen werden. In der Zwischenzeit sorge gut für ihn", sagte Manlio, als wir aus dem Flughafen kamen.

Während des gesamten Abschieds hoben Ramiro, Sonia und Paula leicht die rechte Hand. Dann drehten sie sich um und verloren sich im geschäftigen Treiben des Flughafens.

Leonard und ich stiegen in mein Auto und fuhren in Richtung der Berge. Unterwegs schilderte ich ihm die Bedingungen, unter denen wir leben würden, und er schien nicht beunruhigt. Nach und nach driftete das Gespräch zu interessanteren Themen.

„Manlio sagte mir, Sie kämen, um ein Erdbeben zu stoppen", fragte ich geradeheraus.

„Sieh mal einer an, darum handelt es sich also", antwortete er lächelnd und dann fügte er hinzu: „Dadurch, dass Manlio nicht englisch spricht und ich nur sehr wenig spanisch verstehe, war ich mir nicht sicher, wofür er meine Hilfe wollte."

„Dann ist also die Idee, das Beben zu stoppen, von ihnen", fragte ich.

„Ja, vor ein paar Monaten baten sie mich, zu kommen, um ihnen bei einer wichtigen Zeremonie zu helfen."

Ohne allzu viel darüber nachzudenken, fragte ich: „Glauben Sie, dass man das machen kann? Ein Erdbeben mit einer Zeremonie verhindern."

„Sie glauben es und das ist ausreichend für mich", war seine Antwort. Dann wandte er sich an mich: „Du glaubst nicht, dass es möglich ist?"

„Ich bin davon überzeugt, dass es nicht möglich ist", antwortete ich.

„Warum bist du dann hier?"

„Nun, sie brauchten ein Haus, um Sie zu beherbergen. Sie baten mich um das meine und ich willigte ein. Wir haben drei Monate zusammengelebt, weil sie darauf bestanden, mich vorzubereiten, um auf dem Stande des Gastgebers zu sein, den Sie brauchen." In meiner Stimme schwang deutlich Ironie.

Leonard lachte und gab mir einige Klapse auf den Oberschenkel. „Diese Männer sind sehr pflichteifrig!"

Leonard war von dem Haus begeistert. So wie Omar gesagt hatte, war er jenseits aller Bequemlichkeit, und während seines Aufenthalts führten wir sehr viele Gespräche.

Ich nahm ihn mit, Meister J. kennenzulernen, und wir führten gemeinsam mehrere Zeremonien durch: Wir schwitzten im Temazcal, wir besuchten archäologische Stätten, an denen Two Eagles Opfergaben von Tabak und Blumen zurückließ, wir trafen uns mit einigen Anführern der Mexikanität* und brachten mehr Opfergaben zum Zócalo.**

---

* Anm. des Übers.: Das generische Wesen aller lebenden einheimischen Völker innerhalb des Landes in Bezug zu anderen Völkern der Welt, welche sich das Wesen der Mexikaner einverleibt haben.

** Anm. des Übers.: Dem Plaza de la Constitución in Mexiko-Stadt..

Der alte Mann genoss alles und hatte für jeden eine freundliche Bemerkung oder eine interessante Frage. Ich ersetzte den Simultandolmetscher und beobachtete ergriffen, wie sich ein wahrer Medizinmann verhält.

Sechs Tage später tauchten ohne jede Vorankündigung die jungen Alten auf, die gesamte Gruppe, und sie teilten mir mit, dass sie bei uns bleiben würden, bis die Arbeit vollendet sei. Das Haus war, wie ich schon sagte, sehr klein, sodass einige Dinge in den Garten gestellt werden mussten, damit wir alle einen Platz hatten, wo wir schlafen konnten. Selbstverständlich belegte Leonard das Bett, Sonia und Paula das kleine Esszimmer und Manlio, Omar, Carlitos und Ramiro das Wohnzimmer. Adriana schickten sie, sich totlachend, zu mir auf den kleinen Dachboden, der kaum breiter als ein Einzelbett war. Wir quartierten uns dennoch so fünf Tage lang ein und schon in der ersten Nacht entdeckte ich, wie schwierig es sein kann, eine Frau abzuweisen, die sich zudringlich nähert und mit der man einen solch heiklen Platz teilen muss.

Adriana war groß, mager und ungepflegt. Sie trug alte und viel zu weite abgetragene Kleider. Sie war schrecklich dumm und es erschien mir beständig, als leide sie an einem ausgeprägten geistigen Rückstand. Two Eagles jedoch bereitete es große Freude, sich Stunden mit ihr zu unterhalten, was mich dazu zwang, dasselbe zu tun, weil es erforderlich war, für sie zu übersetzen.

Tagsüber missfiel mir Adriana zutiefst, nicht nur körperlich, sondern auch, weil sie sich über alles beklagte, und weil sie, meiner Ansicht nach, absichtlich unhöflich zu mir war. Trotzdem wollte ich sie nachts verzweifelt in den Arm nehmen und lieben. Sie stellte sich ihrerseits schlafend, näherte dabei ihr Gesicht dem meinen und umarmte oder berührte mich. Ich schlief sehr wenig in jenen Nächten, aber nie legte ich Hand an sie. Ich wusste aus Erfahrung, dass nur wenige Dinge katastrophaler sein können, als mit der falschen Frau zu schlafen.

„Adriana gefällt dir", sagte Leonard eines Tages zu mir und ich erschauderte, aus guten Gründen hatten sie sie zu mir auf den Dachboden geschickt.

„Das glaube ich nicht", sagte ich, „ich glaube überhaupt nicht, dass sie mir gefällt."

Two Eagles brach in Gelächter aus. „Aber sie sagt dir zu, streite das nicht ab. Ich habe dich nachts atmen hören."

„Ich atme, aber ich rühre sie nicht an."

„Es bleibt dabei", bekräftigte er, „sie gefällt dir. Sie bringt dir bei, dich zu beherrschen. Mit dem Essen und mit den Frauen sollte der Mann nicht wie ein Hund sein, sondern wie der Hirsch. Er sollte nur die köstlichsten Früchte wählen."

„Das hatte ich schon gehört", sagte ich, „aber ich erinnere mich nicht mehr, wo."

„Ich habe es auch gehört", lachte Leonard, „wenn nicht, hätte ich es dir nicht sagen können."

Manlio kam mit eiligem Schritt in den Raum. „Wir müssen vier Zeremonien durchführen, um das Erdbeben zu stoppen", erklärte er ernst, „eine für die Erde, eine weitere für das Wasser, eine für das Feuer und eine weitere für den Wind. Und wir müssen jetzt anfangen. Die Zeit drängt.

Die Zeremonie für die Erde

Die Zeremonie für die Erde bestand darin, mit Pfeifentabak in rote Tücher eingewickelte Quarze zu vergraben. Manlio ging aufs Geratewohl mit geschlossenen Augen durch den ausgedehnten Garten meines Hauses, wobei er über Steine und Grasbüschel stolperte, bis er plötzlich ausrief: „Hier! Vergrabt hier einen männlichen." Seiner Meinung nach gab es männliche und weibliche Quarze. Seine Frau entschied, welcher welcher war. Die Quarze waren sorgfältig gewählt, wobei darauf geachtet worden war, nur die transparentesten zu verwenden. Während der dreimonatigen Vorbereitungszeit hatten wir eine Unmenge von Kristallgeschäften in Mexiko-Stadt aufgesucht und wir hatten („wir hatten" ist eine weniger schmerzhafte Form zu sagen: „ich hatte") ein kleines Vermögen in fast einhundert von ihnen investiert, ohne bis zu jenem Moment zu wissen, wofür wir sie verwenden würden.

Bevor jeder Quarz mit Tabak in sein Tuch gewickelt wurde, um ihn zu vergraben, gab Manlio ihn Leonard, der ihn anpusten und einen Segensspruch oder eine Widmung sagen musste in der Art: „Für diejenigen, welche gefangen sind" oder „Für unsere Verwandten des Volkes der Pflanzen".

Jedes Mal, wenn wir einen vergruben, liefen wir um den Vergrabungsort herum eine endlose Runde, welche Stunden dauern konnte, wobei wir Hand in Hand nach rechts und nach links Kreise drehten und gemäß Manlios Anweisungen

Mantras sangen. Wir gingen auf diese Art und Weise mehr als zehn Stunden lang im Garten umher und niemand schien müde zu werden. Als die Nacht hereinbrach, waren endlich alle Quarze vergraben.

Manlio sagte schließlich: „Die Erde ist zufrieden, aber sie verlangt, dass unverzüglich das Wasser befragt wird. Gleich morgen werden wir das tun."

Ich sah ihn an, ohne etwas zu sagen, aber ich wusste nicht, ob ich lachen oder ihn zu Hackfleisch machen sollte. Manlio stellte eine Unmenge von nicht überprüfbaren Behauptungen auf, wie jene, dass er Äpfel an irgendwelche Freunde schickte, aber dass er mit der Erde verhandeln könne, mit niemand Geringerem als der Erde, damit diese sich verpflichte, Mexiko-Stadt nicht durch ein Erdbeben zu zerstören, erschien mir geradeheraus lächerlich. Jedoch schien Manlio absolut davon überzeugt. Sein langes Haar wehte im Wind und Schweißtropfen rannen über seine Schläfen und Wangen. Seine Augen verrieten eine Mischung aus Extase und Erschöpfung.

„Die Erde ist nicht lebendig, sie kann nicht die Absicht haben, etwas zu zerstören oder zu erschaffen", dachte ich, „die Erde trägt das Leben unter allen Umständen, sie stellt den Platz zur Verfügung, damit es Leben gibt, aber nimmt in keiner Weise daran teil."

Manlio bat mit einer Geste, uns in einem Kreis hinzuknien, dann warf er sich bäuchlings auf die Grasfläche und schluchzte: „Danke, Mutter, danke für die Gaben, die du uns jeden Tag gewährst, für unsere Knochen und unsere Häuser … danke für die Nahrung, welche wir in deinen Schoß säen, dafür, dass du den Regen von Vater Himmel aufnimmst, danke, dass du ihn für uns in deinen Bächen und Seen speicherst …"

Er sagte es jedoch mit so viel Gefühl, dass mich seine Worte überwältigten und ich wirklich ergriffen weinte. Es war wunderschön, ihm zuzuhören, doch auf einmal wurde mir klar, dass ich auch weinte, weil ich wusste, die Erde würde niemals seine Worte der Liebe hören. Mich überkam die Vorstellung, dass er ich selbst war, der weinte und um Vergebung bat, umarmt von meiner toten Mutter, die nicht mehr fähig war, zuzuhören oder zu vergeben. „Niemand kümmert sich um uns“, dachte ich, „wir sind allein.“ Und ich weinte heftiger als zuvor.

Zurück in der Hütte, fragte ich Leonard während des Abendessens, was er über die Zeremonie denke.

„Es ist nicht wichtig, was wir tun, was zählt, ist, dass wir es wissentlich tun. Sogar du, der du nicht glaubst, dass es für irgendetwas gut sei, bist hier und drehst deine Runden, weil du es so entschieden hast. Es gibt Millionen von Menschen, die jeden Tag viel widersinnigere Dinge tun. Wie beispielsweise rauchen. Rauchen ist eine Zeremonie. Beobachte mal, wie jeder mit großem Stil eine Zigarette aus der Schachtel holt, wie sie sie klopfen, um den Tabak zu festigen, achte auf die Art und Weise, wie sie sie anzünden und wie sie den ersten Zug machen … Es ist ein Ritual! Trotzdem ist es, im Gegensatz zu unserem, ein Ritual, das unbewusst ausgeführt wird. Raucher wissen nicht, was sie tun, und auch nicht, wozu sie es tun. Sie haben davon gehört, wie schlecht es ist, zu rauchen, aber sie haben keine tiefe Kenntnis davon, was Rauchen ist. Die Information nützt ihnen nichts, weil sie nicht wissen, warum sie tun, was sie tun … Sie leben ohne Sinn und Verstand, ohne bestimmten Zweck. Sie bringen sich und nebenbei auch die Welt um. Sie leiden an einer schrecklichen Krankheit, progressiv und tödlich verlaufend.“

„Krebs?“, fragte ich.

„Nein", antwortete er lachend und dann sagte er sehr ernst: „Die Krankheit, an der sie leiden, an der wir fast alle leiden, heißt Gleichgültigkeit."

„Gleichgültigkeit ist eine Krankheit?", fragte ich verwundert. „Ich würde eher von einer Verhaltensweise sprechen."

„Husten ist keine Verhaltensweise derjenigen, die Grippe haben, oder? Verhaltensweisen kann man vermeiden oder ändern, die Symptome einer Krankheit dagegen nicht." Nachdem er einen Moment nachgedacht hatte, fügte er hinzu: „Gleichgültigkeit ist wahrhaftig die Krankheit unserer Zeit, unserer Gesellschaft. Vor ein paar Jahren las ich diese Geschichte der Sioux, welche dir sicherlich helfen wird, besser zu verstehen, was ich meine:

Als der weiße Mann zum ersten Mal unser Land betrat, wurde er wie ein Bruder empfangen und ihm wurde das Privileg gewährt, in unserem Gebiet zu leben. Doch nach und nach erkannten wir, dass seine Gebräuche nicht wie die unseren waren, dass alles, was er berührte, in kurzer Zeit seine Schönheit verlor. Mit jedem Tag kamen mehr Weiße, um das Gebiet zu beanspruchen, und wir sahen, wie die Erde in der Nähe ihrer Dörfer krank wurde. Daher beschlossen wir, drei junge Krieger auf die Suche nach einem weisen und betagten Mann zu schicken, der in einem anderen Zeltlager lebte. Wir wollten wissen, welche Krankheit das war, die diese Menschen auf die Erde übertrugen und sie dadurch schwächten. Wir wollten wissen, ob sie heilbar sei.

Die jungen Krieger fanden den Greis und stellten ihm ihre Fragen. Der Meister zündete seine Pfeife an und begann zu sprechen. Er sagte, dass es keine Krankheit gebe, wenn in einem Dorf hundert Personen wären und sich jede von ihnen um seine Nachbarn kümmerte. Er sagte, wenn zwei Personen dieses Dorfes aufhörten, sich um die anderen zu kümmern, so würde dieses geschwächt. Er sagte, wenn fünf Personen aufhörten, sich um ihre Nachbarn zu kümmern, so könnte die Krankheit ausbrechen, und er sagte, wenn zehn Personen des Dorfes aufhörten, sich um die Bedürfnisse der anderen zu kümmern, so würde das Dorf von der Krankheit der Gleichgültigkeit zerstört.

„Beachte“, fuhr Leonard fort, nachdem er seine Erzählung beendet hatte, „dass er nicht sagt, dass die Krankheit beginnt, wenn die Menschen gegeneinander handeln; Gewalt ist eine Folge der Krankheit und kommt danach. Diese beginnt, wenn jemand aufhört, sich aktiv am kollektiven Wohlbefinden zu beteiligen, und sich nur mit sich selbst befasst. Die ansteckende Krankheit der Gleichgültigkeit zeigt sich, wenn es für dich nicht mehr wichtig ist, was mit den anderen geschieht.“

„Das ist eine überlieferte Geschichte der Sioux?“, fragte ich mit großen Augen.

„Sicher, ich habe sie dir so erzählt, wie ich sie im Buch „Seven Arrows“ von Hyemeyohsts Storm gelesen habe, welcher einer der Hauptsammler unserer Geschichten ist. Überrascht dich das?“

„Also, ich dachte, die überlieferten Geschichten der einheimischen Völker hätten mehr mit Ursprungsmythen und derartigen Dingen zu tun.“

Leonard lachte herzlich: „Du denkst also auch, unsere Erzählungen seien simple Erklärungen für Phänomene, die wir nicht verstehen, nicht wahr? Sonderbare Volksmärchen und nichts weiter.“ Er hielt inne, um kurz nachzudenken, und dann erklärte er mir: „Einige sind so, wie du sagst, zweifellos, aber bedenke: Die Sioux hatten keine geschriebene Sprache wie die Weißen. Sie mussten für alles auf das gesprochene

Wort zurückgreifen. Sie entwickelten eine Kommunikations- und Lerntechnik, welche auf leicht zu merkenden Geschichten und Metaphern basiert. Im Laufe der Jahre entstand so eine große Menge an Erzählungen, die ihre Philosophie klar zum Ausdruck bringen. Fast alle diese Erzählungen sind in Wirklichkeit Lektionen der Ethik oder der Geschichte.

Die Christen sammelten, genauso wie wir, ihre metaphorischen Schilderungen, mit dem Unterschied, dass sie es in Büchern wie der Bibel taten und wir in Form von Erzählungen, welche die Menschen auswendig lernten.

Interessant ist, da wir gerade darüber sprechen, dass unsere Vorfahren, im Gegensatz zu den deinen, niemals das Bedürfnis verspürten, eine Metapher oder eine Geschichte zu erzählen, in der die Gleichgültigkeit als wesentliches Merkmal des Göttlichen angesehen wurde."

„Ich glaube nicht, dass wir, will sagen, unsere Kultur behauptet, Gleichgültigkeit sei eine göttliche Eigenschaft", protestierte ich.

„Bist du sicher?", fragte Leonard, indem er beim Sprechen seinen Kopf neigte und ein Auge halb schloss.

„Nun … ja", erwiderte ich ein wenig unsicher.

„Dann irrst du dich. Die Bibel ist voll von Erzählungen über Akte der Gleichgültigkeit, die vom Gott der Christen begangen wurden. Man muss völlig gleichgültig gegenüber dem Schmerz anderer sein, um die Welt zu überfluten und alle Lebewesen außer einigen wenigen zu töten; oder um Menschen in Salzsäulen zu verwandeln; oder um ganze Städte auszulöschen als exemplarische Bestrafung. Ganz zu schweigen davon, einen Sohn zu zeugen und ihn auf die schrecklichste Art und Weise töten zu lassen. Die Geschichten, welche ein Volk erzählt, sind ein Spiegel dessen, was es glaubt, was in seinem Denken ist. Grausamkeit, mein Freund, ist ein eindeutiges Zeichen von Gleichgültigkeit.“

Ich schwieg und wog seine Worte ab.

„Es ist nicht verwunderlich, dass bewaffnet mit jenem Buch, mit jener kranken Philosophie, den Europäern nicht die Hand zitterte, als sie uns alle umbrachten“, schloss er mit einem schmerzlichen Lächeln.

Der Satz hallte in meinem Kopf lange nach. Wer waren alle? Die Indianer? Oder meinte er möglicherweise uns alle?

Two Eagles musste bemerkt haben, dass mir seine Worte sehr nahegegangen waren und ich verwirrt darüber nachdachte, denn ohne dass er gefragt worden war, erwiderte er mit großem Nachdruck: „Die Europäer haben die Gemeinschaft zerstört. Die Idee, die Philosophie der Gemeinschaft. Damit haben sie unsere gesamte Kultur zerschlagen. Alles, absolut all unser Denken und unsere Handlungen waren darauf ausgerichtet, die Gemeinschaft zu bewahren, ihr zu dienen, sie zu lieben. All unsere Kraft wurde dafür aufgewendet. Einmal dazu gezwungen, uns wie isolierte Individuen zu verhalten, konnten wir nicht überleben.“

Ich sah ihn eindringlich an. Er sah nicht wie ein Weiser aus. Er sah wie ein x-beliebiger Gringo aus, mit seinem langen und grauen, zu einem Zopf verknoteten Haar. „Er ist kein Indianer“, dachte ich, „er ist ein Hippie, der sich als Cherokee-Meister ausgibt. Wenn er ‚wir‘ oder ‚unsere Kultur‘ sagt, dann deshalb, weil er sich vor der Verantwortung drücken will, ein weiterer Europäer zu sein, ein direkter Nachkomme derjenigen, die hierherkamen, um uns alle umzubringen“.

Ich fühlte, dass ich über ihn und seine kategorischen Aussagen verärgert war.

„Crazy Horse und Sitting Bull, die beiden bedeutendsten Anführer des Widerstands der Lakota gegen die nordamerikanische Kolonisation, wurden von den eigenen Indianern umgebracht, nicht von den Europäern", bemerkte ich verärgert, aber ohne Sarkasmus. Vielleicht mit der Absicht, ihm ein wenig zu widersprechen.

„Stell dir nur vor, wie sie uns innerlich umgebracht hatten, dass wir schließlich hinterrücks unsere eigenen Väter und Beschützer ermordet haben", erwiderte Leonard. Dann zwinkerte er mir zu, um zu zeigen, dass er wusste, wie sehr ich ihn herausforderte, gleich einem vierjährigen Kind, das seine Eltern mit Geplärr und Ungehorsam herausfordert, wenn es untersucht, was die wirkliche Grenze des Erlaubten in seiner Familie ist.

Ich beschloss, die Diskussion einen Schritt weiter zu führen, und sagte, wie ohne es zu wollen: „Ich habe gelesen, dass beispielsweise die Angehörigen der Lakota Frauen und Kinder des Stammes der Crow umbrachten und verstümmelten, als sie ihre Zeltlager angriffen, um ihnen ihre Pferde wegzunehmen, und dass die Crow aus Rache dasselbe mit den Lakota taten. Die Indianer waren keineswegs Heilige, sie waren grausam, rachsüchtig und gleichgültig."

Leonard sah mich erstaunt an, ich weiß nicht, ob wegen meiner Hartnäckigkeit, die Diskussion aufrechtzuerhalten, oder weil er merkte, dass ich viele Nachforschungen über die Kultur der Völker Nordamerikas angestellt hatte. „Stimmt", sagte er lakonisch.

Ich sah ihn an und machte eine Geste, um ihn zu ersuchen, weiterzusprechen.

„Was gibt es mehr zu sagen?", fragte er mich.

„Na, dass die Lakota gleichgültig gegenüber dem Schmerz der Crow waren, das gibt es zu sagen", schloss ich triumphierend.

„Freilich“, erwiderte der Alte, „aber das spricht nicht gegen die Geschichte, die ich dir erzählt habe, oder? Wenn ein Volk über die Gleichgültigkeit nachdenkt und sich gegen sie ausspricht, dann deswegen, weil es sie kennt und weiß, was ihre Auswirkungen auf die Gemeinschaft sind. Schau“, fuhr er mit besonders sanfter und tiefer Stimme fort, fast so, als ob er bete oder inständig bitte, „alle Völker, die Menschen selbst, wir alle streben danach, zu wachsen, besser zu sein; wir nehmen es uns mit all unseren Kräften vor und scheitern immer und immer und immer wieder. Wir kehren zu unseren alten Gewohnheiten zurück und schädigen uns und andere. Bedeutet das, wir sollten aufhören, es zu versuchen? Viele Male werden sich die Menschen klar darüber, dass das, was sie tun, schlecht ist, aber sie sind nicht imstande, es zu ändern. In der gesamten Geschichte der Völker haben wir feststellen können, sich über die Notwendigkeit zur Veränderung klar zu werden, ist nicht mehr als der erste von vielen, vielen Schritten, um einen Wandel tatsächlich zu erreichen. Etwas zu ändern, gehört zu dem Schwierigsten, was es gibt.

Als die Armee der Vereinigten Staaten den letzten Ausrottungsfeldzug gegen die Indianer der Great Plains in Angriff nahm, hatte Sitting Bull, welcher der Kriegshäuptling nicht nur der Lakota, sondern der gesamten Sioux war, die Sklaverei abgeschafft und Praktiken wie die Verstümmelung und die Ermordung von Frauen, Kindern und Greisen verboten. Er ist sich dessen bewusst geworden, verstehst du, er ist sich dessen bewusst geworden, dass jene Praktiken inakzeptabel waren und unternahm diesbezüglich etwas: Er setzte sich mit der Gleichgültigkeit auseinander und veränderte die Dinge. Und weißt du, was geschah? Entgegen dem, was du vielleicht denken könntest, machte ihn das noch beliebter und populärer; der Respekt und die Bewunderung, welche sein Volk für ihn fühlte, wuchsen enorm. Diese Tatsachen beweisen, zumindest für mich, dass die Leute der Verstümmelung und des Mordens überdrüssig waren, aber nicht wussten, wie sie es abstellen sollten. Ihre Lösung war, einen Häuptling zu benennen, der es ihnen verbot, und das Problem war gelöst. Alle für einen, einer für alle. So setzten sich die Lakota mit ihrer Gleichgültigkeit auseinander, einige Monate, bevor sie als Kultur vollständig von der Armee der Weißen ausgerottet wurden."

Nachdem ich das gehört hatte, fühlte ich mich verpflichtet, zu sagen: „Es tut mir leid, ich war unhöflich Ihnen gegenüber."

Leonard gab mir einen Klaps auf das Knie. „Nein, keineswegs", sagte er. „Wir Krieger trainieren uns so: Wir fordern uns heraus, wir bieten uns die Stirn, wir stellen schwierige Fragen, aber niemals versuchen wir, den Gegner zu verletzen, wir versuchen immer, ihn anständig zu behandeln. Es ist kein Platz für Oberflächlichkeit in der Freundschaft der Krieger."

„Dann", fragte ich nach einer Weile, „ist Gleichgültigkeit also eine heilbare Krankheit?"

Leonard schaute mich scharf und tief an. „Auf jeden Fall, die Medizin heißt Mitgefühl. Wie schade, dass sie nicht in Apotheken verkauft wird", schloss er lächelnd.

Plötzlich wurde mir bewusst, dass ich der Gruppe kein einziges Wort dieses Gesprächs übersetzt hatte, und begann widerwillig zu erklären, aber Manlio unterbrach mich: „Die Worte, die ihr ausgetauscht habt, haben überhaupt nichts mit uns zu tun. Es ist eure Angelegenheit, sodass keine Notwendigkeit besteht, dass du sie übersetzt."

Ich blickte erneut Leonard Two Eagle an, der sich einmal mehr an der vergeblichen Aufgabe versuchte, sich mit der hässlichen und mageren Adriana zu unterhalten.

Die Zeremonie für das Wasser

Die unantastbare Verrücktheit Manlios hatte gerade erst begonnen, ich würde ihn noch viel Widersinnigeres unternehmen sehen und das mit ihm gemeinsam mit einer Begeisterung und Lust tun, dass jeder sagen würde, ich sei genauso verrückt wie er.

Um fünf Uhr morgens befanden wir uns alle am Busterminal. Dort trafen wir uns mit Omar und Miguel. Letzterer war ein weiteres Gruppenmitglied, das ich noch nicht kannte. Er war groß und stämmig, in Weiß gekleidet, und in der Hand trug er einen mit Adlerfedern und Hirschhorn geschmückten Kommandostab.

Omar trug eine Art afrikanische Tunika, Leonard seine mit Adlerfedern und Glasperlen verzierte Kopfbedeckung, Manlio seinen Cowboyhut, Ramiro trug ein rotes Band um den Kopf und einen Ohrring aus Federn im linken Ohr. Die Frauen waren mit weiten Röcken herausgeputzt und hatten ihr Haar mit Federn und Blumen geschmückt. Nur Mara, die ich trotz des Unmuts Manlios, der sie wirklich hasste, eingeladen hatte, und ich waren in zivil. Wenn Aufmerksamkeit zu erregen das war, was die jungen Alten versuchten, dann wussten sie, was zu tun war.

Wir bestiegen einen klapprigen Autobus und fuhren in Richtung eines kleinen Dorfes im Bundesstaat Morelos.

Etwas Überraschendes ereignete sich, als wir drei Stunden später ankamen und aus dem verwahrlosten Vehikel ausstiegen: Eine sehr alte Frau, die am Ausgang des Terminals Brot verkaufte, kam, als sie uns sah, auf uns zu, und schenkte jedem von uns ein Stück! Manlio küsste das seine und aß es lächelnd, wobei er sagte: „Danke, betagte Mutter, das ist wirklich Kraftfutter!" Leonard nahm sie in den Arm und die Frau weinte, während sie lächelte und uns dankte.

Wir gingen im Gänsemarsch und in einer Reihenfolge, die Manlio festgelegt hatte, mit ihm an der Spitze, dann Two Eagles, Miguel, Carlitos, Omar, ich, Ramiro, Adriana, Paula, Sonia, Olga und Mara, die Manlio selbstverständlich am Ende platzierte.

Wir gingen etwa eine halbe Stunde lang in Richtung eines Berges, wo sich angeblich eine heilige Quelle befand. Als wir ankamen, stellte sich heraus, dass ein Thermalbad gebaut worden war, welches durch das reichliche Wasser gespeist wurde, das aus ihr sprudelte. Die Quelle selbst war eingezäunt und ohne jeglichen Zugang. Manlio war wütend und begann, den Maschendrahtzaun, der unseren Zutritt verhinderte, mit Füßen zu treten, dann wollte er losgehen, um mit den Behörden des Dorfes zu sprechen und erreichen, dass jener Zaun unverzüglich niedergerissen werde.

„Das kann doch wohl nicht wahr sein!", schrie er aus vollem Hals. „Das ist eine Schweinerei! So kann man die Macht der Mutter Wasser nicht einsperren! Deshalb sind wir so, wie wir sind!"

Er verursachte einen derartigen Tumult, dass die Leute näherkamen und ihm schilderten, dass vor einigen Monaten ein kleines Mädchen hier ertrunken sei und dass sie alle Geld und Arbeit beigesteuert hätten, um den Ort zu schließen und eine weitere Tragödie zu verhindern. Der Vater der Mädchens selbst kam herbei und prügelte sich fast mit Manlio und Ramiro, welche zornentflammt brüllten und geltend machten, jenes sei ein heiliger Ort, den niemand schließen könne, und dass sie gekommen seien, um den Tod von Millionen von Menschen abzuwenden. Die Frauen unserer Gruppe traten in Aktion: Sie bildeten eine Barriere zwischen den beiden Parteien, setzten sich auf den Boden und sangen in einer Sprache, die wohl Nahuatl sein konnte.

Leonard, Mara und ich hatten uns abgesondert und beobachteten das Gezänk aus der Ferne. Ich wollte lauthals lachen, aber die schweigsame Gegenwart Leonards hielt mich davon ab. Mara sah mich ab und an mit weit aufgerissenen Augen und einem Lächeln an, das bekundete: „Und diese gewalttätigen Verrückten sind deine Lehrmeister?"

Zu guter Letzt wurde alles geklärt, als ein alter Mann anbot, wir könnten das Thermalbad kostenlos betreten und man würde uns einen Teil des riesigen Wasserbeckens reservieren, damit wir unsere ehrwürdige Arbeit verrichten könnten. „Wasser ist Wasser", sagte der alte Mann und niemand, nicht einmal Manlio, konnte das bestreiten.

Schließlich rief er uns und wir betraten gemeinsam das Thermalbad. Wie zu erwarten war, kam niemand, um uns den Abschnitt für unsere ehrwürdige Zeremonie einzurichten. Manlio und Ramiro sonderten sich einen Moment von uns ab und dann kamen beide mit einem breiten Lächeln auf uns zu. „Wasser ist Wasser", wiederholte Ramiro, „lasst uns hineingehen!"

Wir zogen uns um und sprangen in das Wasserbecken, das bis zum Rand mit Menschen gefüllt war. Das Wasser war herrlich warm.

Inmitten des riesigen Pools der Thermalquelle fassten wir uns an den Händen und bildeten einen Kreis. Wir gingen so schnell, wie es uns möglich war, in einer Richtung im Kreis, ließen uns auf ein Signal Manlios los und verweilten in Fötusposition treibend, solange wir die Atmung anhalten konnten. Als der Letzte seinen Kopf aus dem Wasser streckte, nahmen wir uns wieder an den Händen, um den Vorgang zu wiederholen, wobei wir dieses Mal in die andere Richtung im Kreis gingen. Als Athlet, der ich war, konnte ich weit länger die Luft anhalten, als der Rest der Gruppe, was sie mit großem Vergnügen erfüllte.

„Na, siehst du jetzt, dass du sehr wohl der Richtige bist?", scherzte Omar, als ich das erste Mal eine Minute nach den anderen auftauchte, um zu atmen.

Wir wiederholten diesen Tanz in Zeitabschnitten von etwa einer halben Stunde abwechselnd mit Erholungsabschnitten von rund fünfzehn Minuten.

Manlio war ein Anführer, der völlig engagiert für das war, was er tat. Trotz der Absurdität und der Beschwerlichkeit der Dinge, die er verlangte, beklagte sich niemand, machte schlapp oder lief davon. Als wir so müde waren, dass wir den Rhythmus verlangsamten, beschleunigte er ihn mit einer unglaublichen Überzeugung bis zur Raserei. Selbst Two Eagles, praktisch ein Greis, gab sich ohne einen Mucks der Arbeit hin. Ich sagte mir wieder und wieder, dass das, was wir taten, völlig irrwitzig sei, aber ich konnte nicht aufhören, Manlios Einfluss war sicher mächtig. Sogar Mara, die noch skeptischer war als ich, drehte sich und vertiefte sich mit all ihrem Enthusiasmus: ihr langes Haar, klatschnass in ihrem Gesicht, sah wunderschön aus.

Wir taten dies alles ohne jegliche Variation, bis die Besitzer des Thermalbades sagten, dass sie schließen würden. Wir waren um neun Uhr vormittags angekommen und jetzt war es nach acht Uhr abends.

Als ich aus dem Wasser stieg, um mich umzuziehen, merkte ich plötzlich, dass ich so müde war, dass ich kaum gehen konnte. Manlio lag rücklings im Gras ausgestreckt und schlief. Paula musste ihn wecken. Leonard sah unumwunden krank aus.

Als wir eine Stunde später endlich in dem kleinen Dorf ankamen, fanden wir es verlassen vor. Die Leute schliefen schon in ihren Häusern aus Lehm- und Dachziegeln. Es gab kein öffentliches Verkehrsmittel nach Mexiko-Stadt mehr, es gab keine Hotels, nichts. Ich war in einer schrecklichen Verfassung. Die Vorstellung, im Freien auf einem staubigen und kalten Gehsteig zu schlafen, verstimmte mich sehr.

Ich suchte Maras Blick, als ob ich einen Komplizen suchte, aber sie unterhielt sich halb totlachend mit Omar. Frauen sind wunderbar, dachte ich und einen Moment lang erholte sich mein Gemüt ein wenig. Mara gefiel mir, es gefiel mir, sie lachen zu sehen. Das bloße Wissen, dass sie mich liebte, reichte viele, viele Male aus, um mir Selbstsicherheit zu geben. Also schaute ich sie lange an und genoss die Wärme, die dies in meinem Unterleib erzeugte.

Plötzlich und ohne genau zu wissen, warum, sagte ich laut, damit alle mich hörten: „Das war eine schlechte Idee, so lange dortzubleiben."

Niemand schien mich zu beachten, außer Manlio, der mich verärgert ansah. „Wir sind nicht aus Spaß hierhergekommen, Bruder", herrschte er mich übellaunig an. Er zog sehr wohl die Aufmerksamkeit aller auf sich. Sofort wurde es still. Ich fühlte einen brennenden Hass, einen alten Hass, der mich begleitete, seit dem ersten Mal, da ich neidisch war. „Unsicherheit produziert Hass", fuhr es mir durch den Kopf.

„Das habe ich nicht gesagt", erhob ich Einspruch, um mich zu verteidigen.

„Das hast du sehr wohl gesagt, aber als guter Spießbürger, der du bist, sagst du es einem nicht direkt ins Gesicht, weil du

Angst hast. Du denkst nur an dein verdammtes Bettchen, nicht wahr? Und das, was wir hier tun, interessiert dich einen Dreck, du bist aus reiner Neugier hier, du Scheißkerl; du glaubst, du seist besser als wir Proleten."

Seine Reaktion überraschte mich, aber die Überraschung verwandelte sich sofort wieder in Hass, weil ich mich entdeckt fühlte: Jedes Wort, das er gesagt hatte, war wahr, und die Wahrheit ist eine sehr scharfe Waffe. Andererseits hatte ich mich seit Monaten ständig darüber beklagt, was wir taten, was wir aßen, wie wir reisten, dass ich nichts von dem verstand, was sie versuchten, mir beizubringen, dass sie Mara ausschlossen, dass sie mein Geld ausgaben, dass sie unpünktlich waren, und niemals hatte ich ein „sei ruhig" erhalten. Manlios Verhalten schien mir ungerechtfertigt und so rechtfertigte ich, dass ich mich willfährig dem Zorn hingab. All der Groll der Monate, in denen ich dachte, dass sie mich an der Nase herumführten und meine Großzügigkeit ausnutzten, blickte mir endlich in die Augen und verlangte eine ehrliche Antwort. Scheinheilig zu sein, den Guten zu spielen, Ja zu sagen, wenn man Nein meint, kommt einem stets teuer zu stehen.

„Ich provoziere dich nicht so, Manlio, lass es gut sein", sagte ich und suchte seinen Blick in der Dunkelheit. „Ich habe an dem viel mehr mitgewirkt, als es für mich bestimmt war", rechtfertigte ich mich. Ich hasste es, mich zu ärgern, ich hasste es, die Beherrschung zu verlieren, weil ich mich dabei ertappte, dass mir genau das gefiel: mich zu ärgern und die Beherrschung zu verlieren.".

Manlio machte eine beleidigende Geste mit der Hand. „Glaub nicht, dass du so wichtig bist, Brüderchen; dir wurde die Gelegenheit gegeben, behilflich zu sein, sei dankbar dafür. Wir pfeifen auf dein mieses Spießerleben."

Seine Worte waren Leckerbissen für meinen Hass. Ich hatte ihnen Obdach, Geld, Zeit gegeben. „Der einzige Undankbare hier bist du", schrie ich überzeugt, praktisch schon außer mir.

„Du bist ein armer Schlappschwanz, Brüderchen, geh und öde deine Mutter an", sagte er herausfordernd zu mir, als wäre nichts dabei.

Ich war perplex. Mein jähzorniges Verhalten schüchterte ihn nicht im Geringsten ein. Mir schien, dass er sich auf Teufel komm raus mit mir prügeln wollte. Ich zögerte einen Moment, denn seine Entschlossenheit erschreckte mich ein wenig. Alle sahen uns an. Unweigerlich erinnerte ich mich daran, wie meine Mutter, als ich acht Jahre alt war, zu mir sagte, ich müsste zu Hause bleiben und dürfte nicht zusammen mit der Familie auf Reisen gehen, wenn ich nicht mit dem Jungen kämpfen würde, der mich in der Schule ärgerte. Verzweifelt bat ich meinen besten Freund, mir mit der Faust ins Gesicht zu schlagen. Beim Verlassen der Schule lief ich glücklich schreiend zu meiner Mutter: „Schau, schau, ich habe ein blaues Auge, ich habe schon gekämpft!" Viele Mütter drehten sich zu ihr, um sie anzusehen, und sie schämte sich sicherlich.

„Hey! Mit mir redest du nicht so, du Scheißkerl; und der Schlappschwanz bist du, denn du wirst jetzt sofort aus meinem Haus verschwinden, such dir einen anderen Trottel!" Und dann fügte ich mit sarkastischem Unterton hinzu, indem ich ihn nachäffte: „Brüderchen". Ein aufbrausender Impuls führte dazu, mich zu ihm umzudrehen, um ihm in die Augen zu sehen. Ich gab ihm die Schuld dafür, dass die Nacht ungemütlich und lang sein würde, eine Nacht, der ich mich geradeheraus nicht resigniert ergeben wollte. Ich hätte in diesem Moment im warmen Zuhause sein können oder im Kino, irgendwo und nicht bei diesem Verrückten. Ich konnte die Gewalttätigkeit in meinem Mund spüren.

Ramiro nahm mich am Arm, als er merkte, dass ich bereit war, zu kämpfen und den Streit so weit zu treiben, wie er nur kommen konnte.

„Komm mit mir", sagte er und zog mich sanft am Arm, „wir wollen jemanden suchen, der uns nach Cuernavaca bringt."

Wir waren ein paar Schritte gegangen, als ich hörte: „Dir fehlen die Eier, Brüderchen, um ein wahrer Mann zu sein." Seine Stimme klang wie die eines Betrunkenen.

Ich drehte mich langsam um und mit geballten Fäusten lenkte ich meine Schritte in seine Richtung, bereit, ihm die Fresse zu polieren. Ramiro begriff, dass es sinnlos war, zu versuchen, mich zurückzuhalten, und beschränkte sich darauf, im spöttischen Ton zu sagen: „Diesen Streit kannst du nicht gewinnen, Juan, dir fehlt eine Menge Kraft."

Als ich das hörte, entschloss ich mich kurz und schmerzlos und beschleunigte den Schritt. Manlio sah mich herausfordernd an. Ich war noch ein paar Schritte von meinem Gegner entfernt, da brach dieser in ein Lachen aus, dass sich mir die Nackenhaare aufrichteten, und er begab sich in die Hab-Acht-Position; dann sprang er mit einer fast übernatürlichen Wendigkeit nach hinten; dann geschah etwas Außergewöhnliches: er verwandelte sich in Cantinflas* und begann herumzuhüpfen, wie jener es tat, wenn er im Kino kämpfte. Er fin-

---

* Anm. des Übers.: Fortino Mario Alfonso Moreno Reyes (* 12. August 1911 in Mexiko-Stadt; † 20. April 1993 ebenda) mexikanischer Schauspieler, Sänger, Komiker und Filmproduzent, besser bekannt als „Cantinflas", eine seiner Rollen als armer ungezogener Bauer, welcher auf humorvolle Weise den typischen Mexikaner aus dem Armenmilieu Mexikos darstellt.

tierte, streckte den Hintern heraus und wackelte komisch mit dem Kopf, während er imitierend sprach: „Jetzt, Brüderchen, fang an zu kämpfen, jetzt wirst du sehen, was es heißt, mit einem Ehrenmann zu kämpfen. Mein Freund; fang an und zieh nicht zurück."

An jenem Tag lernte ich die wichtigste Lektion, welche Manlio mir in den Monaten beibringen würde, die wir gemeinsam verbrachten: Alles ist absurd. Paradoxerweise ist es die Absurdität, die dem Innenleben des Menschen Sinn gibt.

Jetzt konnte ich weder kämpfen noch wütend sein. Ich senkte die Arme und wandte meine Augen gen Himmel. „Gehen wir", seufzte ich, „es muss jemanden geben, der noch wach ist und uns eine Unterkunft gibt."

Als ich an Ramiro vorbeiging, meinte er nur: „Ich habe es dir gesagt."

In dem Moment hörte ich Leonards kraftvolle Stimme: „Juan! Hierher!"

Ich drehte mich um und sah, dass er und Adriana, begleitet von einem dicken Mann, auf uns zukamen. „Er wird uns nach Cuernavaca bringen", sagte Adriana mit ihrer schrecklichen Stimme, „Leonard hat ihm schon einige Dollars bezahlt."

Während Manlio und ich uns stritten, hatten Leonard und Adriana unser Beförderungsproblem gelöst. Ich stieß einen tiefen Seufzer aus und hob die Augenbrauen in einer Geste der Resignation, während ich Mara ansah, die mich mit schiefem Mund anlächelte, wie sie es stets tat.

„Wie gut, dass du mitgekommen bist", sagte ich zu ihr und streichelte ihr Haar.

Als einzige Antwort schnurrte sie wie eine Katze und lehnte ihren Kopf gegen meine Schulter.

Der dicke Mann führte uns zu einem heruntergekommenen Kleintransporter. Manlio wollte, dass Leonard im Führerhaus Platz nahm, aber dieser überließ seinen Sitz Olga und Paula. Wir anderen kletterten auf die Ladefläche und machten es uns auf einigen Heuballen bequem. Die Nacht war lau und voller Sterne.

Leonard saß neben mir.

„Und was war das?“, fragt er nach langem Schweigen.

„Nichts“, sagte ich, „manchmal bringt mich Manlio auf die Palme.“

„Manlio ist der Anführer dieses Projekts“, sagte er, „respektiere das; niemand hat dich gezwungen, mitzukommen.“

„Okay“, antwortete ich ohne Lust, darüber zu reden.

Wir schliefen ein. Um zwei Uhr morgens kamen wir schließlich in Cuernavaca an.

Die Zeremonie für das Feuer

Ich wurde durch die plötzliche Ruhe des Kleintransporters geweckt. Dann blendete mich eine Straßenlaterne, die sich genau über mir befand, und schließlich brachten mich schreckliche Nackenschmerzen zurück in die Welt, denn ich hatte die ganze Strecke über mit schiefem Kopf geschlafen.

Wir befanden uns vor einem riesigen Haus im mexikanischen Kolonialstil. Die Fassade war aus Bruchstein und hatte Nischen voller Blumen. Das geschnitzte Holztor musste mindestens dreieinhalb Meter hoch sein. Manlio sprach bereits mit jemandem über die Gegensprechanlage.

Einige Minuten später öffnete sich das Tor und gab einen immensen, perfekt gepflegten Garten preis. Eine Frau von etwa sechzig Jahren, die wir offensichtlich aus dem Bett geholt hatten, kam strahlend heraus und stürzte sich auf Leonard, kaum dass sie ihn gesehen hatte. Sie verflochten sich in einer sehr langen Umarmung; die Frau schien zu strahlen, als sie sich endlich voneinander lösten. Dann umarmte sie uns alle lächelnd. Ihr Erscheinungsbild war herrlich und angenehm, aber etwas in ihrem Blick bewirkte, dass sie mir nicht ganz und gar gefiel.

Guadalupes Haus war groß und elegant mit unermesslichen, sehr gut gepflegten Gärten. Dort erfuhr ich, dass Carlitos und seine Frau für sie als Gärtner arbeiteten und die Verantwortlichen für so viel Schönheit waren.

Guadalupe wies uns Zimmer zu und wir gingen alle schlafen. Ich hatte seltsame Träume. Ich erinnere mich an viel Gewalt und Blut, die Einzelheit dessen, was in ihnen geschah, entfiel mir jedoch.

Der folgende Tag verlief ruhig. Guadalupe sprach ein tadelloses Englisch, sodass ich frei von meinen Pflichten als Übersetzer war und mich dem Sonnenbaden am Swimmingpool und dem Herumblättern in einigen Büchern der riesigen Bibliothek widmete, die es in dem Haus gab.

Ich reduzierte meine Unterhaltungen mit der Gruppe auf ein Minimum. Man könnte sagen, dass ich ihrer überdrüssig war, und trotz der Schönheit der Umgebung hatte ich eine Riesenlust, nach Hause zurückzukehren und anzufangen, diesen Unsinn zu vergessen.

Auch Leonard war ein wenig geistesabwesend und wandelte langsam, die Hände auf dem Rücken verschränkt, im Garten umher. Manlio und die anderen hingegen verbrachten die Zeit damit, im Pool herumzuturteln und halbnackt zwischen den Blumen zu tollen.

Um die Feuerzeremonie durchzuführen, begaben wir uns zu einem besonderen Empfangssaal. Dort zogen wir uns bis auf die Unterwäsche aus. Carlitos als Mann des Feuers leitete die Zeremonie, die sich in drei Abschnitte unterteilte und die er selbst wie folgt nannte: „Rückkehr", „Reinheit" und „Tanz". Der erste Abschnitt war sehr lustig, denn er bestand darin, wie Affen aufzutreten und Runde um Runde im Kreis um eine Kerze zu drehen. Für den zweiten mussten wir in einen Feuerkreis treten und bestimmte Worte sprechen. Der dritte und Hauptabschnitt bestand im Grunde darin, mit großer Geschwindigkeit, uns wiederum an den Händen nehmend, im Kreis um das Feuer zu gehen. Siebenmal wurde es angezündet und siebenmal drehten wir unsere Runden, bis die letzte Flamme aufgezehrt war. Das Feuer im Zentrum drehte sich ebenso und erhob sich plötzlich wie eine große Schlange. Etwas wahrlich Schönes und Erstaunliches.

Am Ende der Zeremonie waren wir alle erschöpft und schweißbedeckt. Die Nacht war herrlich und lau, voller Sterne. Ich beobachtete Leonard, der ausgestreckt und keuchend mit dem Rücken auf dem Rasen lag und den Blick über den Himmel gleiten ließ. Ein starkes Gefühl der Zuneigung erwachte in meiner Brust und durchlief meinen gesamten Körper wie ein Schauder.

Manlio bestand darauf, dass es notwendig sei, uns vor Anbruch des nächsten Tages auf den Weg zu meinem Haus zu machen. Um vier Uhr morgens startete Guadalupes Chauffeur den Motor des Wagens, der uns nach Hause bringen würde. Ohne jemand anderem die Chance zu geben, stieg ich in den vorderen Teil des Wagens, um mit niemandem sprechen zu müssen. Ich war erschöpft und wollte allein sein, auch wenn es nur ein paar Stunden wären. Mich erschreckte die Aussicht, mich mit der Windzeremonie und mit Manlios verrückten Reden und Aktionen herumärgern zu müssen. Ich weiß nicht, warum ich so dachte, aber ich wollte, dass alles wie „vorher" sei. Ich sehnte mich danach, zeitig zu Bett zu gehen oder stundenlang Rad zu fahren, wie ich es vor dem Eintreffen dieser esoterischen Menschenmenge in meinem Leben zu tun gewohnt war.

Heute, mit vielen Jahren Abstand, verstehe ich, warum mein Verstand sich so sehr weigerte, Daseinsarten in der Welt zu akzeptieren, welche so sehr verschieden zu meiner waren. Ich hielt mich für von Grund auf verschieden von meinen Eltern und Klassenkameraden. Mir gefiel es, mich als eine Art einsamen Wolf zu sehen, eingeschlossen in meiner Hütte in den Bergen, die Trampelpfade mit voller Geschwindigkeit auf meinem Mountainbike zu durchstreifen, Gedanken zu denken, die niemand wirklich in ihrer gesamten Tiefe begreifen konnte. Es gab etwas in dem „Anderssein", das mir eine Identität gab, die mir gefiel. Doch sie, die jungen Alten, waren sehr, aber wirklich so sehr anders und seltsamer als ich. Wenn wir gemeinsam durch die Straßen gingen, sahen sie viel interessanter und geheimnisvoller aus, was für mich fast unerträglich war.

Das menschliche Gehirn neigt aufgrund seines biologischen Entwurfs dazu, sich einer Änderung der Grundüberzeugungen heftig zu widersetzen, weshalb es völlig gleichgültig ist, wie viele Male Atheisten logische Argumente gegen die Religionen anführen, die Gläubigen klammern sich mehr und mehr an ihre Dogmen jenseits der Logik und des gesunden Menschenverstands. Geistige Flexibilität und Wahrheitsliebe sind Fertigkeiten, welche man erlernt, und gehören nicht zu der genetischen Information, welche wir mit uns ins Leben bringen.

Mit Leonard widerfuhr mir etwas anderes: Mich faszinierte seine Einfachheit. Und sie fasziniert mich noch immer. Ich habe seit dem ersten Tag, an dem ich ihn sah, erfolglos versucht, sie nachzuahmen. Einmal wurden wir zu einem Radiointerview eingeladen, und mit fünf Worten hatte er die Interviewer begeistert, die mich schließlich ignorierten. Ich erinnere mich, gedacht zu haben, wäre ich doch nur alt und interessant wie er. Es war mir sehr wichtig, anerkannt und geschätzt zu werden, nicht bewusst, aber es war mir dennoch sehr wichtig.

Es dämmerte bereits während der Fahrt. Ramiro rief bewegt aus: „Es ist vollbracht, der Wind will nur, dass wir Papaya frühstücken und erklärt sich damit gut bedient."

Das Aberwitzige der Behauptung brachte mich zum Lachen, was die Aufmerksamkeit Ramiros auf sich zog, der ernst sagte: „Eines der Probleme der Welt ist, dass niemand mehr ‚das Mädchen' ansieht, um es zu fragen, was er essen soll. Deshalb gibt es so viel Krankheit."

„‚Das Mädchen' ist die Morgendämmerung", erklärte Manlio nebenbei.

„Genau", bestätigte Ramiro und fuhr fort: „Steh jeden Tag vor Tagesanbruch auf und iss zum Frühstück Früchte der Farbe der Wolken der Morgendämmerung. Das wird dich stark und gesund erhalten."

Trotz meines Vorsatzes, auf dem Weg nach Hause kein Wort zu sprechen, drehte ich meinen Kopf, um meine Kameraden anzusehen und zu protestieren. Ich sagte ihnen, die Morgendämmerung anzusehen sei keinerlei Zeremonie, noch viel weniger im Vergleich mit allem, was wir getan hätten, um das Feuer, die Erde und das Wasser „zu überzeugen".

Ramiro und Manlio, die wie immer nebeneinander saßen, umarmten sich und lachten wie verrückt, Tränen liefen aus ihren Augen, als ob das, was ich gesagt hatte, das Witzigste der Welt sei. So sehr ich es auch vermeiden wollte, es verärgerte mich, und ich sagte ihnen aufs Neue, sie seien undankbare Idioten und schlimmere Dinge.

Da begann Leonard laut zu lachen. Es war offensichtlich, dass er die Einzelheiten nicht verstand, aber er erfasste vollkommen die Situation, weil wir sie mindestens einmal am Tag wiederholten: Das, was sie taten, störte mich, ich ärgerte mich, sie machten sich über mich lustig, ich wurde wütend und warf ihnen alles vor, was sie mir schuldeten, danach fielen sie vor Lachen auf den Boden und ich entfernte mich. Dieses Mal kam Leonard auf mich zu und sagte mit spitzbübischem Blick: „Ihr Kerle seid wirklich ziemlich lustig!"

Er wollte, dass auch ich lachte, aber ich hatte keine Lust dazu. Ich war wie immer, angespannt, am Rande von etwas Gewalttätigen oder Peinlichem. Ich fühlte mich schändlich und schlecht, ungeeignet, dumm. Überdrüssig.

Manlio sah mich an und fragte vergnügt: „Was hat die Luft mit Erdbeben zu tun?“

Ich blickte ihn höchst erstaunt an.

„Nichts“, sagte Ramiro, „deswegen veranstalteten wir keine komplizierten Zeremonien mit ihr, sondern bitten nur um ihre Zustimmung. Wir berücksichtigen sie und das war's. Erdbeben sind Sache der anderen drei Elemente.“

Ich öffnete den Mund, um etwas zu sagen, aber ich wusste nicht was. Sie sahen mich weiterhin eine Weile an; schließlich sagte Manlio nur: „Mach deinen Mund zu, Juan.“

Ich neigte den Kopf von einer Seite auf die andere und drehte mich wieder zurück, um auf die Autobahn vor mir ins Leere zu blicken.

Bevor wir zu Hause ankamen, kauften wir vier große Papayas, und die Frauen bereiteten sie mit Limonen und Honig zu. Wir aßen, bis wir voll waren, und hörten nicht auf, bis alle Früchte verzehrt waren.

Die Mahlzeit war herzlich und voller Gelächter. In einem bestimmten Augenblick sah mich Manlio durch die Blumenvase hindurch an, die sich im Zentrum des Tisches befand, und zwinkerte mir lächelnd zu. Alles war wieder in Ordnung. Mir wurde bewusst, dass es ziemlich lustig war, mit ihnen zusammen zu sein, wenn ich nur aufhörte, sie zu verurteilen.

Plötzlich, sonderbar wie immer, erhoben sich Manlio und seine Kameraden und verabschiedeten sich herzlich von Leonard und mir. Im Gänsemarsch begannen sie den Abstieg von meinem Haus zum Dorf.

Als Leonard und ich wieder ins Haus traten, bemerkte ich, dass auf meinem Altar eine Jaguarkralle und der rechte Fuß eines Steinadlers fehlten. Ich lächelte und zuckte mit den Schultern. Sowohl die Kralle als auch den Fuß hatten sie mir selbst in feierlichen Zeremonien geschenkt.

Einige Wochen später rief mich Carlitos an, um mir zu sagen, seine Kameraden hätten beschlossen, dass ich die Feuerzeremonie und seine Geheimnisse erlernen sollte. In den folgenden Monaten reiste ich häufig nach Cuernavaca und wir arbeiteten viele Nächte zusammen daran, bis mein Lehrer mich als bereit erachtete, den Kommandostab der Zeremonie zu erhalten.

Den Rest der Gruppe sah ich niemals wieder.

Das Medizinrad

„Glauben Sie, dass wir das Erdbeben verhindert haben?", fragte ich Leonard, bevor wir schlafen gingen.

„Da wir keine Möglichkeit haben, es zu wissen", antwortete er, „werden wir wählen müssen, was wir glauben wollen. Was meinst du? Haben wir es gestoppt?"

„Ja", sagte ich überzeugt, „ich glaube, wir haben es gestoppt."

„Jetzt fehlt nur noch, dass die Erde mit uns übereinstimmt", lachte seinerseits Leonard, „denn sie hat immer das letzte Wort."

Es ist völlig absurd, zu meinen, eine Gruppe von Personen könne eine Naturkatastrophe stoppen oder verhindern, indem sie das tut, was wir taten. Als ich sagte, ich glaubte, wir hätten es geschafft, bezog ich mich auf ein anderes Erdbeben: das der Gleichgültigkeit.

Während der drei Zeremonien ließ uns Manlio bis zur Erschöpfung den folgenden Satz wiederholen: „Wir bitten, dass sich dieses Beben nicht ereignen möge. Wir erbitten es für uns und unsere Brüder. Wir erbitten es, damit sie nicht sterben, bevor sie erwachen."

Anfangs glaubte ich, er beziehe sich darauf, dass es nachts beben würde. Aber später begriff ich, dass Leonard und die jungen Alten ihre Brüder (uns alle) baten, aus dem Schlaf der Gleichgültigkeit zu erwachen, bevor das Erdbeben des Todes uns für immer daran hindert. Ich glaube, dass die ganze

Anstrengung eine große Mahnung war, dass es die grundlegende Pflicht eines jeden Menschen ist, aufmerksam zu sein und sich bewusst am Wohlergehen der Gemeinschaft zu beteiligen.

„Haben Sie es eilig, in die Vereinigten Staaten zurückzukehren?“, fragte ich am Morgen des folgenden Tages. Ich war ihm bereits sehr zugetan und wollte ihn einladen, ein paar Tage mehr bei mir zu bleiben.

„Ich werde zwei weitere Tage bleiben, weil ich schätze, dir in dieser Zeit genügend über das Medizinrad beibringen zu können, damit die Neugier dich dazu antreibt, um mit allen Mitteln, alles weitere zu erlernen, egal, wie lange du dazu brauchst.“

„Warum wollen Sie mir das beibringen?“, fragte ich?

„Weil es für dich bestimmt ist“, war seine Antwort, und bevor ich reagieren konnte, fuhr er fort: „Gehen wir ein bisschen spazieren, ich möchte deine Unterweisung unverzüglich beginnen.“

Der Fußmarsch brachte uns zu einem meiner Lieblingsplätze, einen Aussichtspunkt, von dem aus man sehen konnte, wie sich der Berg in der Stadt auflöst. Als wir am Gipfel ankamen, musste Leonard stehen bleiben, um wieder zu Atem zu kommen, denn wir befanden uns nahe bei viertausend Höhenmetern über dem Meeresspiegel. Schließlich erhob er sich und mit einer Geste zeigte er auf alles, was der Blick umfassen konnte: den Himmel, die Wolken, die Bäume, die Felsen und die Stadt.

„Dies“, sagte er, „indem er auf den Horizont und dann auf die Erde und den Himmel zeigte, „all dies ist das Medizinrad.“

Wir verweilten lange Zeit in der Betrachtung der Welt versunken. Danach bat mich Leonard, ihm neununddreißig mittelgroße und vier große Steine herbeizubringen. Als ich mit dem Aufgetragenen zurückkam, hatte er bereits eine Fläche von etwa drei Quadratmetern vom Gestrüpp befreit. Mit den Steinen bildete er die folgende Figur:

Das Medizinrad

„Dieses Modell ist die Abbildung, welche meine Großväter vom Universum anfertigten. Sie nannten es Medizinrad, weil für uns das Wort ‚Medizin' nicht dieselbe Bedeutung hat wie für euch. ‚Medizin' bezieht sich auf das Wesen der Dinge … beispielsweise eines Tieres. Wenn ich sage, dass eine gewisse Person, die sehr schlau ist, die Medizin eines Fuchses hat, dann deswegen, weil der Fuchs auch ein sehr schlaues Tier ist.

Verstehst du? Es ist ähnlich dem Konzept des Nagual* deiner Vorfahren."

„Ich glaube, Omar hat die Medizin eines Sittichs", antwortete ich lachend, „weil er niemals den Mund hält."

Leonard stimmte ebenfalls lachend zu.

„Somit", fuhr Leonard fort, „ist das Medizinrad ein Modell, welches das Wesen all dessen darstellt, was existiert. Das Wesen jedes Tieres, jeder Pflanze und jedes Steins. Das Wesen der Sterne und der Planeten. Und selbstverständlich das Wesen des Menschen und der Menschheit. Jedes Steinchen des Kreises stellt einen Teil der Schöpfung dar."

„Dieses", sagte er, indem er auf eines davon zeigte, „könntest du sein und dieses", fuhr er fort, indem er auf ein anderes auf der gegenüberliegenden Seite zeigte, „könnte ich sein. Keines ist in einer Position, welche der anderen überlegen wäre. Dieses könnte eine Kakerlake sein und dieses hier der Mond … Im Rad ist kein Tier oder Ding einem anderen überlegen. Alle sind gleich. Wir alle sind gleich viel wert im großartigen Entwurf des Universums. Wir alle kommen aus dem gleichen Samen. Die Summe von allem bildet das Wesen des Universums. Hier ist keiner überflüssig, keiner zu viel."

„Und was stellen die sieben Steine im Mittelpunkt dar?", fragte ich.

„Sie stellen verschiedene Dinge dar. Derer sieben sind die Generationen unserer Vorfahren, die noch immer über uns wachen. Derer sieben sind die Generationen, die kommen werden, und deren Wohlergehen in unserer Verantwortung

---

* Anm. des Übers.: aztekische Schutzgottheit, die in tierischer oder pflanzlicher Gestalt auftreten kann und jeweils mit einem Menschen derart eng verbunden ist, dass Tod oder auch Verwundung beide treffe, sowohl Nagual als auch Mensch.

liegt. Derer sieben sind die Richtungen des Universums: Norden, Süden, Osten, Westen, oben, unten und das Innere", sagte er und zeigte auf sein Herz.

„Und die vier großen Steine?"

„Diese stellen die vier wesentlichen Eigenschaften oder Aspekte des Menschen dar, die den Himmelsrichtungen zugeordnet sind. Jeder Stein ist eine Art Pforte."

Leonard erhob sich und gab mir durch ein Zeichen zu verstehen, dass ich auf ihn warten sollte. Einige Minuten später kam er mit einer weißen, einer roten und einer gelben Blüte, ferner mit einem großen grünen Blatt zurück.

Er legte die gelbe Blüte auf den Stein, der sich im Osten befand, das Blatt auf den im Süden, die rote Blüte auf den im Westen und schließlich legte er die weiße auf den Stein, der sich im Norden befand.

„Dies sind die Farben der Himmelsrichtungen gemäß den Traditionen meines Volkes. Einige andere Völker platzieren sie auf eine andere Weise, aber die Farben sind immer dieselben, mit Ausnahme der roten, die manchmal durch die schwarze ersetzt sein kann."

Die Steinfigur sah mit den farbigen Blüten reizend geschmückt aus.

„Komm", sagte Leonard, „stell dich neben mich an die Ostpforte."

Ich tat, worum er mich gebeten hatte, und Leonard sagte, indem er seine Arme in Richtung der Stelle ausbreitete, an der die Sonne sich der Erde am Morgen zeigt: „Ahnen des Ostens! Großer Steinadler! Ich rufe euch zusammen! Kommt, um diese beiden demütigen Brüder, welche Kenntnis suchen und höflich bis hierhergekommen sind, um euren Rat zu erbitten, an eurer Energie teilhaben zu lassen. Oh, weise Vorfahren, lasst uns an der Weisheit der Pforte des Ostens teilhaben! Verleiht uns die Fähigkeit, das Heilige aller Dinge, aller Völker wahrzunehmen! Schenkt uns die Gabe, uns über uns selbst hinaus zu erheben, die Beschränkungen des Geistes zu überschreiten und abzuheben! Wir wollen eine Spiritualität frei von Dogmen, eine intelligente Spiritualität, die sich nicht mit banalen Erklärungen begnügt, sondern die Wahrheit hinter den Worten, den Konzepten sucht! Wir suchen die Inspiration, die nötig ist, um unseren eigenen Weg zu beginnen, ohne feste Regeln, ohne ehrgeizige Anführer, ohne ignorante Lehrer!“

Der alte Indianer vollführte die Anrufung mit kraftvoller Stimme und das Rauschen des Windes in den Blättern der Bäume brauste wie ein Wasserfall über Felsen. Schaudernd konnte ich es nicht vermeiden, die Augen zu schließen. Mein Geist füllte sich plötzlich mit dem Bild eines Adlers, welcher vor der Sonne vorbeiglitt. Als ich sie wieder öffnete, waren mehrere Minuten vergangen und ich bemerkte, dass Two Eagles auf dem Boden saß. Er lud mich ein, ihm Gesellschaft zu leisten.

„Der Osten ist das Haus des Adlers“, erklärte er, „laut meinen Vorvätern kommt von dort alle menschliche Spiritualität. Es ist der Ort der Sonne, der Neuanfänge, das Zuhause des Frühlings. Alle Mystiker sind Kinder dieses Hauses.“

Er nahm sachte meine Hand und sagte: „Lass zu, dass dein Herz den Frieden des Großen Geistes erfährt. Lass zu, dass seine Hand es schaukelnd in seinen Fingern wiegt. Von diesem Punkt aus, der unermesslichen Höhe, in der der Adler fliegt, kannst du die vollkommene Ordnung von allem sehen und erkennen, dass alles heilig ist. Der Adler hat genau deshalb, weil er in großer Höhe fliegen kann, den schärfsten Blick aller Tiere entwickelt. Ganz egal, wie weit entfernt er sich von der Erde befindet, verliert er sie nie aus den Augen.

Das ist die Fähigkeit des wahren Mystikers, des wahren spirituellen Menschen. Er befindet sich in der Welt und gleichzeitig fern von ihr."

Während er diese Erklärung beendete, berührte er den Stein des Ostens viermal mit der rechten Hand und bat mich eindringlich, dasselbe zu tun.

„Erhebe dich und geh mit mir nach Westen."

So taten wir, indem wir außerhalb dem Umriss des Steinkreises folgten. Dort hob Leonard seine Arme in Richtung des Orts des Sonnenuntergangs und rief aus: „Ahnen des Westens! Großer Bär, wach auf! Hört unsere Stimme. Wir sind zwei Brüder, die demütig Kenntnis suchen! Wir kamen höflich, um euch zusammenzurufen. Wir bitten um eure Hilfe, damit die Fülle an diesem Tag vor uns sichtbar werde. Verleiht uns das Können, Nützliches zu erzeugen! Gebt uns die Werkzeuge, um bequem zu leben, um so die Visionen verwirklichen zu können, die der Große Geist in unsere Herzen platziert! Möge unser Geld nützlich für die anderen sein, möge unser Reichtum unsere Brüder und unsere Schwestern reich machen! Möge unsere Mahlzeit nahrhaft sein, mögen wir sie stets mit Liebe teilen, mögen in unseren Taschen niemals Geld, Bohnen, Mais, Kartoffeln fehlen."

Wie zuvor nahmen wir nach der Anrufung auf dem Boden in der Nähe des mit der roten Blüte geschmückten Steins Platz.

„Der Westen ist das Haus des Großen Bären, der Eichhörnchen und der Bienen", erklärte Leonard. „Es ist auch das Haus, in das alles kommt, um zu sterben. Das Glück und das Unglück enden an diesem Punkt. So wie der Osten das Spirituelle des Menschen repräsentiert, repräsentiert der Westen seine Weltlichkeit."

„Sowohl der Bär als auch das Eichhörnchen und die Bienen“, fuhr er fort, „sammeln Güter, um zu überwintern. Von daher kommen die Fähigkeiten des Sparens und diejenigen, unsere Investitionen zu planen. Es ist der Ort, dessen Energie uns hilft, zu landen, Projekte und Ideen zu konkretisieren. Es ist das Haus der Ernte und des Herbstes. Manchmal sagt man auch, der Westen sei die Pforte der Selbstbeobachtung, damit wir sehen, wer wir sind und was wir erreicht haben.“

„Schließlich“, schloss er, „ist es das Haus des Todes, das Ende aller Dinge, das Versprechen, das sich erfüllt, das nichts ewig währt.“

Danach begaben wir uns zur Südpforte.

„Geister und Ahnen des Südens! Große Schlange! Wir rufen euch zusammen, laden euch respektvoll ein, euch zu zeigen! Wir sind zwei demütige Brüder auf der Suche nach Kenntnis. Wir bitten um die magische Gabe des Gefühls! Verleiht uns die Fähigkeit, von unserem Gefühl gefangen genommen zu sein. Gebt uns die Weisheit, seinen Wert zu achten, die Fähigkeit, es kreativ zu verwenden. Wir bitten um unendliches Mitgefühl für alle Wesen des Universums!“

Nach der Anrufung erklärte mir Two Eagles, der Süden sei diejenige Richtung, in welcher der emotionale Teil des Menschen seine Bleibe hat. Er sagte, dass die Schlange diese Richtung repräsentiere, weil sie ihren gesamten Körper in Anspruch nehme, um die Erde zu fühlen, und um voranzukommen, müsse sie die Welt umarmen.

„So wie die Maus“, sagte er, „hat die Schlange ein schwaches Sehvermögen und kann nicht über ihre eigene Nase hinaussehen. Das gleiche geschieht, wenn Gefühlsregungen eine Person in Beschlag nehmen. Dann ist sie unfähig, objektiv zu denken, und kann nur reagieren. Der Süden ist das Haus der künstlerischen Inspiration, der Kreativität. Ebenso des Mitgefühls, welches eine der erhabensten Eigenschaften des Menschen ist."

Schließlich begaben wir uns nach Norden. Ergriffen wendete Leonard viel mehr Zeit auf, um die Hüter, Greise und Geister dieser Richtung anzurufen.

„Ahnen des Nordens, weiße Büffelfrau und großes kleines Kalb des Weißen Büffels. Wir laden euch ein, zu uns zu kommen! Wir bitten euch um eure Hilfe, um zu begreifen! Wir müssen tapfer sein, um zu verstehen! Verleiht uns die Gabe des Mutes und die Intelligenz, die ihr so eifrig in eurem Haus aus Eis bewacht!"

Als wir uns schließlich setzten, fühlte ich mich von einem tiefen Gefühl durchdrungen. Ähnlich dem, das ich während der Anrufung des Ostens erfahren hatte, aber intensiver.

„Der Norden ist das Haus der weißen Büffelfrau. Der kalte und gefühllose Zufluchtsort der Wahrheit. Seine Farbe ist weiß wie der Schnee und er ist die Wiege des Winters und der Kälte. Der Norden repräsentiert die Objektivität, den reinen Gedanken des Menschen, seine Rationalität. Von hier steigt der Wunsch des Menschen auf, die Funktionsweise der Welt zu erkennen; Wissenschaft und Philosophie haben ihren Ursprung in dieser Pforte. Er ist kalt und weiß, weil er bar von Gefühlsregung ist und weil er nichts verbirgt. Vom Norden her betrachtet, erscheinen die Dinge stets so, wie sie sind."

„Für mich waren die Anrufungen des Ostens und Nordens intensiver", erklärte ich nach einer Weile der Überlegung.

„Das kommt daher, dass du ihnen verwandter bist", antwortete er, „aber das ist eher ein Problem als ein Vorteil."

„Warum?"

„Das wirst du später selbst verstehen."

Diagramm der Himmelsrichtungen

Norden

Farbe: Weiß
Tier: Weißer Büffel
Rationalität
abstrakter Gedanke

Westen

Farbe: Rot
Tier: Bär
Fähigkeit, zu konkretisieren, zu sparen

Osten

Farbe: Gelb
Tier: Adler
Spiritualität, Kontakt mit dem Göttlichen

Süden

Farbe: Grün
Tier: Maus
Gefühle und Empfindungen

Ich nickte und betrachtete weiter das Rad. Plötzlich spürte ich einen heftigen Stich auf dem rechten Handrücken. Eine kleine Spinne hatte mich gebissen. Meine erste Reaktion war, zu versuchen, sie zu zerquetschen, aber das Ungeziefer floh mit einigen für eine so kleine Spinne gewaltigen Sprüngen und seilte sich mit ihrem Spinnfaden von meinem Arm ab.

Derweilen lachte Leonard aus vollem Hals.

„Was ist daran lustig?“, fragte ich verärgert. „Es hat wehgetan.“

„Und wahrscheinlich entzündet es sich“, bemerkte er sich totlachend.

Die Spinne war verschwunden.

„Dieses verdammte Vieh ist mir entwischt“, schrie ich.

„Ja, wie geschmacklos. Sie beraubt dich des Privilegs, sie zu töten! Was für eine Rücksichtslosigkeit!“

„Sie hat angefangen“, sagte ich wie ein wütendes Kind, ohne das Absurde daran zu bemerken, „sie hat mich in die Hand gebissen, während ich abgelenkt war.“

„Du hast recht, es ist erforderlich, alles zu zerstören, was uns stört. Es ist unser Privileg zu entscheiden, wer lebt und wer nicht. Es ist unser göttliches Recht, jedes beliebige Wesen aus dem Medizinrad herauszunehmen!“, tobte Leonard.

Er nahm einen der Steine, den er in das Rad gelegt hatte und schleuderte ihn mir zu, wobei er sagte: „Nimm, töte damit die Spinnen!“

Dann warf er mir einen weiteren zu: „Ich nehme an, dass dir Schlangen auch nicht gefallen. Machen wir ihnen ein Ende.“

Er ergriff vier weitere Steine. Als ich das sah, begann ich zu laufen. Leonard folgte mir in aller Eile und warf die Steine mit einer unglaublichen Zielgenauigkeit.

„Tod den gemeinen Wölfen, Tod den ekligen Küchenschaben, Tod den niedlichen Robben mit dem schönen Fell.“

Nach kurzer Zeit sah ich mich gegen einige gewaltige Felsen in die Enge getrieben. Leonard nahm den letzten Stein, und auf meinen Kopf zielend sagte er: „Und warum nicht? Tod den Indianern, weil sie wild und ignorant sind!“, und schleuderte das Wurfgeschoss mit aller Kraft. Zum Glück traf er nicht.

Als er die Haltung wiedererlangte, gab er mir zu verstehen, ihm zu folgen. Wir setzten uns wieder neben das Rad und Leonard zeigte mit der Hand darauf.

„Der heilige Kreis ist unterbrochen; geh und such die Steine, die ich nach dir geworfen habe, und bringe sie her, um ihn wieder zusammenzufügen.

Ich schaute um mich. Es war unmöglich, sie wiederzufinden. „Ich kann nicht“, sagte ich mit kaum vernehmbarer Stimme.

„Das, mein lieber Freund“, sagte er, „ist genau das Problem. Sobald ein Leben, eine Spezies verloren ist, ist es nicht mehr möglich, sie wiederherzustellen.“

Wir gingen schweigend zum Haus zurück.

„Leonard“, scherzte ich, während ich das Abendessen zubereitete, „die Botschaft mit den Steinwürfen ist mir sehr klar geworden, aber wenn mich der letzte getroffen hätte, wäre ich tot. Ich bin froh, dass Sie danebengetroffen haben.“

„Ich nicht“, antwortete er sehr ernst und dann zwinkerte er mir zu.

Die Karte des Lebens

Am nächsten Morgen kehrten wir an den Ort zurück, an dem sich das Rad befand. Nachdem Leonard es eine Weile betrachtet hatte, fuhr er mit seinem Unterricht fort.

„Wie ich dir gestern gesagt habe, repräsentiert jede Richtung, jede Pforte des Rades eine der vier Eigenschaften des Menschen: Spiritualität, Emotionalität, geplante Tätigkeit oder Strategie und Rationalität. Wenn du genau hinsiehst, wirst du bemerken, dass der genaue Platz einer jeden seine Daseinsberechtigung hat: Sie sind gegenüberliegend angeordnet."

„Ich sehe es", bemerkte ich. „Die Spiritualität ist auf der gegenüberliegenden Seite der Weltlichkeit und der intellektuelle Aspekt ist auf der gegenüberliegenden der Pforte der Gefühlsregungen."

„So ist es", lächelte er. „Wir nehmen sie als gegensätzlich war, aber in Wirklichkeit sind sie es nicht. Die spirituelle Persönlichkeit, Eigenschaft des Ostens, ist beispielsweise sehr losgelöst von den Dingen der Welt, die sich im Westen befinden. Jedoch ist ein spiritueller Mensch, der nicht fähig ist, sich selbst wirtschaftlich zu behaupten, verloren und zu nichts nütze. Es sind Personen, die sehr leiden, weil sie niemals die Werkzeuge haben, die Projekte zu realisieren, welche mittels des Großen Geistes in ihren Herzen keimen. Sie haben wenig Einfluss auf ihre Brüder und Schwestern und ihre Arbeit löst sich auf in bittere Klagen über den verdorbenen Zustand der

Welt. Sie verfluchen das Geld und verurteilen diejenigen scharf, welche es haben. Nach und nach verlieren sie sich im aufgewühlten Ozean des Fanatismus und sterben an Schwermut, gescheitert."

„Andererseits", fuhr er fort, „schädigt eine mit dem Westen verwandte Person, die auf natürliche Weise eine große Fähigkeit hat, wirtschaftlichen Überfluss zu erzeugen, aber keinen Kontakt zu ihrer Spiritualität hat, die Welt sehr und ist auch zu nichts nütze. Eine derartige Person ist fähig, eine bakteriologische Waffe zu benutzen, um Menschen im Austausch für Geld umzubringen; oder Agrochemikalien, die wegen ihrer Gefährlichkeit in ihrem Land verboten sind, an weniger entwickelte Völker zu verkaufen, wenn sie nur Gewinne macht. Sie sind eine schreckliche Gefahr für alle."

„Trotzdem", schloss er, indem er mich eindringlich anschaute, „bringt die Kombination beider Eigenschaften etwas Verschiedenes hervor: Einerseits gibt es der Spiritualität Macht und andererseits der Macht Spiritualität, verstehst du?"

Ich nickte und Leonard fuhr mit seiner Ausführung fort.

„Das Gleiche geschieht mit der Beziehung zwischen dem Norden und dem Süden. Jede Person, die ihr Leben ausschließlich danach führt, was sie fühlt, endet früher oder später in einer Sackgasse oder in der Irrenanstalt. Unkontrollierte Gefühlsregungen sind fähig, unberechenbare Leidensebenen hervorzubringen, und sind sehr zerstörerisch, besonders im Bereich menschlicher Beziehungen. Wenn jemand unfähig ist, gewisse Dinge mit vollkommener Objektivität zu sehen, ist es unmöglich, eine harmonische Beziehung mit der Welt zu erreichen. Auch eine derartige Person ist zu nichts nütze. Gefühlsregung ohne Rationalität mündet unvermeidlich in Gewalt."

„Umgekehrt", fuhr er fort, „ist die nackte Intelligenz eine Tragödie. Der Intellekt ohne Gefühl ist unerträglich kalt. Er ist um der Wissenschaft willen horrender Verbrechen fähig. Auch diese Einstellung führt zum Leiden, weil es einerseits unmöglich ist, alles zu erklären und als Instrument der Wahrnehmung und Interpretation einzig und allein die Vernunft zu verwenden, und andererseits, weil die intellektuelle Betrachtungsweise des Lebens die Unterdrückung der Gefühlsregungen zur Folge hat. Es ist sehr leicht, dass eine Person, die mit dem Norden verwandt ist, an der Krankheit der Gleichgültigkeit leidet."

„Wiederum ist die Kombination beider Eigenschaften viel mächtiger als jede von ihnen im reinen Zustand", bekräftigte er. „Das Gleichgewicht zwischen beiden erlaubt es dem Menschen, sich auf der Welt auf ethische und verantwortliche Weise zu äußern. Der Weise handelt nur, wenn seine Intelligenz und sein Herz der gleichen Ansicht sind."

„Dann ist der ideale Zustand des Menschen, sich im Mittelpunkt des Rades zu befinden", bemerkte ich, „wo seine vier Aspekte im Gleichgewicht wären, wo sich die sieben Richtungen schneiden."

„In der Tat", antwortete der Meister mit einem Augenzwinkern, „besteht darin das Wunder dieses Modells. Es ist nicht nur eine elegante Art und Weise, das Wesen des Universums darzustellen, es ist auch eine Karte, welche anzeigt, wohin du deine Schritte lenken solltest, wenn du auf der Suche nach Freiheit in das Unbekannte hinaustrittst."

Ich war in die Betrachtung des Rades aus Steinen vor mir versunken. Die Einfachheit seines Entwurfes und die Tiefe seiner Bedeutung waren zweifellos das Ergebnis außergewöhnlicher Geister, sehr weiser Philosophen und vieler Jahre der Überlegung und Betrachtung der Natur.

„Leonard.“

„Ja?“

„Sie sagten, dass abgesehen davon, dass das Medizinrad eine Darstellung des Universums sei, es auch eine Karte sei, um die Freiheit zu finden.“

„So ist es.“

„Könnten Sie darüber mit mir sprechen?“

„Das Medizinrad wird auch Lebenskreis genannt, denn wenn wir geboren werden, beginnen wir mittels einer Pforte, welche sich für jeden an einem anderen Ort öffnet, Bestandteil des Medizinrades zu sein. Es kann zum Beispiel sein, dass du an einem Punkt innerhalb des Lebenskreises begonnen hast, der sich genau in der Mitte zwischen dem Norden und dem Osten befindet, das heißt, zwischen Rationalität und Spiritualität. Dies verleiht dir gewisse natürliche, mit beiden Richtungen verwandte Fähigkeiten: eine große Begabung, abstrakte Ideen zu verstehen, und eine unerschöpfliche wissenschaftliche Neugier, welche Eigenschaften des Nordens sind; darüber hinaus wirst du eine unermessliche Befähigung haben, den Großen Geist zu empfangen, und die Energie zu benutzen, um andere zu heilen, und um zu sehen, was jenseits des Sichtbaren ist. Verstehst du?“

Ich bejahte und Leonard sprach weiter, während wir den Berg hinuntergingen: „Im Gegensatz dazu werden dich aber die menschlichen Beziehungen eine enorme Mühe kosten, Gefühlsregungen werden dir Angst machen und Geld und Überfluss zu erzeugen, wird ein Albtraum sein. Siehst du, worauf ich hinauswill?“

„Lassen Sie mich ein wenig darüber nachdenken“, schlug ich vor, und wir beide gingen schweigend zum Haus.

Auf dem Weg machte ich eine schnelle Rekapitulation meines Lebens und nach und nach konnte ich die Worte deuten.

Mir schien, dass die Pforte, durch welche ich in das Medizinrad, in den Lebenskreis trat, sehr nah am Osten, in Richtung Norden gewesen sein musste, denn von Kindheit an entwickelte ich auf natürliche Art und Weise Fähigkeiten, welche mir später als Therapeut nützlich sein würden. Ich war sehr einsam und gleichzeitig sehr mitfühlend. Andererseits hat die Wissenschaft stets meine Aufmerksamkeit erregt und ich verbrachte viel Zeit mit dem Lesen von Texten über die Philosophie der Wissenschaft und wissenschaftliche Methodik. Meine Bibliothek verfügt neben Bergen von Büchern über Philosophie auch über viele Texte über Astrophysik, denn ich habe ein sehr tiefes Interesse an den Theorien, welche Ursprung und Funktionsweise der Welt zu erklären versuchen, wie etwa die Relativität, die Quantenmechanik und die Theorie des ebenen Universums. Außerdem versetzen mich die Physiologie des Gehirns und die Forschungen, die heutzutage durchgeführt werden, um die Funktionsweise der Wahrnehmung und des Bewusstseins zu verstehen, schlicht und einfach in Begeisterung. Die Arbeiten Leon Festingers und seiner Nachfolger über Kognitive Dissonanz finde ich genial.

Trotzdem waren, so wie Leonard gesagt hatte, für mich stets die menschlichen Beziehungen, besonders die partnerschaftlichen, von der ersten bis zu derjenigen, welche ich schließlich mit Mara erleben durfte, ein unlösbares Rätsel. Das Geld seinerseits besuchte niemals mein Haus. Alles passte erstaunlicherweise zusammen.

„Wie funktioniert die Karte?“, fragte ich just, als wir ins Haus traten.

Ein wenig überrascht von dem ungelegenen Zeitpunkt meiner Frage, bewahrte Two Eagles einen Augenblick lang Stillschweigen. Er sprach nie viel; nie kritisierte er jemanden und niemals öffnete er den Mund, bevor er sich nicht des Zwecks und des Inhalts seiner Worte völlig sicher war.

„Weißt du schon, wo du in den Lebenskreis eingetreten bist?“ fragte er.

„Ja“, antwortete ich.

„Aber du hast noch nicht entschlüsseln können, wie die Karte funktioniert …“

„Nein.“

„Mir scheint, dass du mich das zu früh fragst. Denk darüber nach und wir unterhalten uns morgen darüber.“

„Aber morgen reisen Sie ab“, protestierte ich, „um zwölf Uhr mittags müssen wir am Flughafen sein.“

„So ist es, wenn du die Frage bis dahin nicht beantworten kannst, werden wir darüber sprechen, wenn sich unsere Wege das nächste Mal kreuzen.“

So sehr ich es auch hin und her wendete, konnte ich nicht begreifen, wie das Medizinrad eine Karte des Lebens sein konnte, um Freiheit zu finden.

Während wir uns am nächsten Morgen zum Flughafen begaben, versuchte ich tausend Tricks, um Leonard davon zu überzeugen, mir jenen Teil zu erklären. Aber nichts half.

Ich drängte ihn so sehr, dass er schließlich zu mir sagte: „Mein lieber Freund, ich sage dir höflich, dass ich nicht auf dieser Welt bin, um deine Launen zu erfüllen. Ich bin nicht von jenseits des Lebens gekommen, um hier jemanden zufriedenzustellen.“

„Von jenseits des Lebens? Was wollen Sie damit sagen?“

Verzweifelt antwortete Two Eagles: „Nichts, ich wollte nichts sagen. Hör auf, dummes Zeug zu fragen und konzentriere dich auf die richtige Frage, diejenige, welche zu diesem Moment passt und welche die einzige ist, die du noch nicht gestellt hast.“ Ich wollte natürlich gleich wissen, welches jene

Frage war, als er mich unterbrach: „Und sage nichts, bis du nicht weißt, um welche Frage es sich handelt, einverstanden?"

Dieses Mal brauchte ich nicht lange, um sie zu finden: „Wo kann ich Sie finden, wenn ich weiß, wie die Karte funktioniert", fragte ich selbstsicher.

„Na also, ich dachte schon, ich müsste gehen, ohne dass du mich darum bittest", und er gab mir eine Visitenkarte, auf der seine Telefonnummer und Adresse in North Carolina, USA, stand.

Kurz bevor wir zur internationalen Abflughalle gingen, nahm mich Leonard Two Eagles, Ältester und Meister des Cherokee-Volkes in den Arm: „Du hast mir dein Haus und dein Herz angeboten, Juan. Du stelltest alles, was du besitzt, in meinen Dienst, um mich auf dieser Reise zu unterstützen. Du hast mir das Wertvollste geschenkt, was ein Mensch einem anderen geben kann: deine Freundschaft. Mein Herz ist voller Dankbarkeit."

„Nie habe ich meine Großväter kennengelernt", sagte ich fast weinend, ohne die leiseste Ahnung zu haben, woher dieser Satz kam.

„Jetzt kennst du einen", sagte Leonard und nahm mich wieder fest in den Arm. Unsere Umarmung dauerte mehrere Minuten und als wir uns trennten, hatten wir beide Tränen in den Augen.

„Ich warte auf dich", sagte er schließlich, „sobald du bereit bist, komm mich besuchen." Aus einem bloßen Impuls heraus drehte er sich um und ging davon, ohne sich noch einmal umzusehen.

Als ich vom Flughafen zu meinem Haus fuhr, dachte ich, dass ich ihn niemals wiedersehen würde, nicht so sehr, weil ich möglicherweise die Sache mit der Karte nicht entschlüsseln konnte, sondern weil ich meiner Ansicht nach nicht die geringste Chance hatte, das nötige Geld für die Reise zusammenzubringen.

Ich hatte mich von Meister J. abgekehrt und arbeitete nicht mehr mit ihm. Ich hatte daher keinerlei Einkommen und ich weigerte mich, eine neuerliche Anstellung zu suchen, weil ich wusste, dass dies nichts mit mir zu tun hatte und dass es, weit davon entfernt, mir nützlich zu sein, ein Rückschlag wäre.

Ich fühlte eine schreckliche Angst, so arm zu sein, wie vor der Zeit, da ich Meister J. kennenlernte. Als ich mich, obwohl ich Monate zuvor Geschäftsführer einer der bedeutendsten literarischen Zeitschriften der Welt gewesen war und mit einem künftigen Nobelpreisträger verkehrt hatte, in einer wirtschaftlich desaströsen Situation befand, in der ich mehrere Male im Monat die Parkplätze einiger Einkaufszentren aufsuchte, auf der Suche nach Geldstücken auf dem Boden zwischen den Autos, um irgendetwas essen zu können. Wochenlang war ich von meinen Freunden und Verwandten abhängig gewesen, um ein- oder zweimal pro Woche meinen Hunger zu stillen. Was konnte ich zu Geld machen, um in die Vereinigten Staaten zu reisen?

„Egal", sagte ich mir schließlich mit lauter Stimme, „und wenn ich zu Fuß gehen muss, ich werde trotzdem dorthin reisen." Und später sagte ich mir: „Jeder Rotzbengel kann Geld machen, es kann also nicht so schwierig sein." Und das ist es auch nicht. Aber damals wusste ich es noch nicht.

Als ich zu Hause ankam, begab ich mich unverzüglich an den Ort, wo Leonard das Medizinrad aus Steinen hinterlassen hatte. Ich stellte mich vor die Nordpforte und bat inständig: „Ahnen des Nordens! Weiße Büffelfrau! Ich komme, um höflich Rat zu erbitten!"

Fast augenblicklich wusste ich die Antwort auf das Rätsel. Das Wissen darüber, wie die Dinge anzugehen sind und wie man Überfluss erzeugt, waren im Westen und nicht im Norden. Dorthin musste ich meine Schritte lenken. Ich begriff die Worte Leonards, als er mir sagte, meine Affinität zum Norden und Osten seien eher ein Problem als ein Vorteil.

Ich erinnerte mich, wie mein Lehrer während des Musikunterrichts sagte, das Haupthindernis, um sich bei der Beherrschung eines Instruments zu verbessern, sei unsere Neigung, immer nur das zu üben, was uns gut gelinge. „Wer Erfolg haben will, sollte viel mehr Zeit damit verbringen, das zu üben, was er nicht kann; er sollte sich darauf konzentrieren, seine Schwächen zu stärken und nicht darauf, seinen Stärken den letzten Schliff zu geben.“ Meine Neigung zum Norden und Osten war zu einer Beschränkung geworden. Ich fühlte mich auf diesen Gebieten so wohl, dass ich es nicht gewagt hatte, das Wissen des Westens und des Südens zu suchen. Nicht nur das, solches Wissen erschien mir verwerflich. An jenem Tag kam ich dahinter, dass ich ihnen aus einem einfachen Grund auswich: Sie jagten mir Angst ein.

Ein Beweis dafür war, dass ich nie auch nur eine Minute meines Lebens damit verbracht hatte, wohlüberlegt Geld zu verdienen, und dass ich mich über die erfolgreichen Jungmanager und ihre Art, zu sprechen und sich zu kleiden, lustig machte. Ein Beweis dafür war, dass all meine Lebensgefährtinnen und Freunde sich über meine Gefühlskälte beklagten. „Ihr seid ein Haufen Sentimentaler“, pflegte ich meinen Freunden zu sagen, wenn ich mich auf sie bezog, „benehmt euch wie Männer.“ Ich hatte Angst davor, Geld zu verdienen! Ich hatte eine Heidenangst davor, zu fühlen!

Aber das würde sich ändern. Ich begriff, wie man das Medizinrad als eine Karte des Lebens liest, es zeigt an, welches unsere Schwächen, unsere Ängste sind. Es zeigt die Pforten, die wir öffnen müssen. „Wenn du nicht weißt, wie man

Geld verdient, lerne es!", schienen mir die Steine des Rades zuzurufen. „Wenn du Angst davor hast, deine Gefühle zu erfahren, gib dich ihnen hin!", schrien sie.

Nachdem ich den Schutzgeistern des Nordens gedankt hatte, begab ich mich zum Westen.

„Ahnen des Westens! Großer Bär! Ich komme, um höflich euren Rat zu erbitten! Ich komme, um die Energie des Geldes zu ersuchen, um meinem Weg zu folgen!"

Nachdem ich das gesagt hatte, setzte ich mich neben die Westpforte, um nachzudenken. Die Worte Sitting Bulls, des großen außergewöhnlichen Häuptlings und Medizinmanns der Sioux, kamen mir in den Sinn: „Die einzige Art und Weise, die Angst zu besiegen, ist, genau jenes zu tun, wovor du am meisten Angst hast." Ich hatte sie auf dem Papier gelesen, das Leonard an dem Tag seiner Ankunft an die Tür heftete.

Als ich die Augen öffnete, fühlte ich mich erfüllt von einem unzerstörbaren Optimismus. Ich dankte den Geistern und Hütern des Westens und begab mich zum Süden.

„Ahnen des Südens! Große Schlange! Ich komme demütig und höflich, um das Wissen der Gefühlsregungen zu suchen!"

Ich setzte mich auf den Boden und streichelte mit der linken Hand den Stein, welcher noch immer mit seinem grünen Blatt geschmückt war. Ein unerwartetes Schluchzen überkam mich und dann noch eines. Plötzlich fand ich mich weinend wieder und ich weinte heftig, ohne aufhören zu wollen, bis es dunkelte. Ich weinte wegen all der Male, in denen meine Neigung, alles zu rationalisieren, mich davon abgehalten hatte; wegen der Nächte, die ich angsterfüllt in Einsamkeit verbrachte. Wegen des Kindes, das ich war und das ich unrettbar verloren glaubte. Wegen des Kriegs und des Elends in der Welt. Ich weinte wegen der zwischen Blutschäumen sterbenden Wale, wegen der Kinder, die zwischen Müll kauernd Zement schnüffeln. Ich weinte, weil es mich traurig machte, nicht lieben zu können … und ich weinte auch, weil ich es zum ersten Mal in meinem erwachsenen Leben wollte.

Der rote Weg

„Ich sehe, du hast den Weg gefunden", sagte Leonard, als er mich acht Monate später am Flughafen von Atlanta umarmte.

„Ich bin der Karte gefolgt, die Sie in den Bergen Mexikos zurückgelassen haben", sagte ich lachend, „und sie brachte mich hierher."

„Das freut mich", sagte er mit einem breiten Lächeln und fügte hinzu: „Weißt du, wie wir den Weg nennen, den die Karte des Medizinrads absteckt?"

„Nein."

„Wir nennen ihn den roten Weg oder den Weg des Kriegers", antwortete er mit einem Augenzwinkern, während er sein kleines 4×4-Gefährt in Gang setzte. Die Federn, welche vom Rückspiegel hingen, schaukelten mit der Bewegung des Autos hin und her. Es begann zu schneien.

Niemals war ich durch einen nächtlichen Schneesturm gereist; die schwebenden Flocken erschienen mir wie ein zarter lebender Orkan von weißen Leuchtkäfern, die verspielte Träume auf die Windschutzscheibe malten. Die Scheibenwischer bereiteten jede Sekunde eine neue Leinwand für diese unermüdlichen Maler.

Sechs Stunden später befanden wir uns in Leonards Hütte, die von schneebedeckten Bäumen und Eisbächen umgeben war.

In jener Nacht sprachen wir von vielen Dingen, doch er fragte mich nicht, wie ich mir Geld für die Reise verschafft hatte. Mir wurde bewusst, dass er nicht den geringsten Zweifel daran gehabt hatte, dass ich es erlangen würde und dass ich mich, früher oder später, zu der offenen Verabredung einfinden würde, die wir Monate zuvor getroffen hatten. Ich hatte die Gewissheit, dass er mir über jeden Zweifel hinaus vertraute, und dies gab mir ein sehr gutes Gefühl.

„Also hast du die Karte entschlüsselt", bemerkte er.

„Ja", sagte ich, „das Rad zeigt die Aspekte, welche wir erkunden und entwickeln sollten."

„Und welche sind das in deinem Fall?"

„Der Westen und der Süden", antwortete ich. „Mit dem ersteren verstehe ich mich schon viel besser … aber ehrlich gesagt weiß ich nicht, wie ich Zutritt zum Süden erlangen soll. Ich weiß nicht, wie man fühlt. Keiner hat es mir beigebracht, sodass ich nicht einmal weiß, wo ich anfangen soll. Jedes Mal, wenn ich versuche, mit Mara oder mit wem auch immer darüber zu sprechen, was ich fühle, rechtfertige oder intellektualisiere ich am Ende alles. Ich bin eine Katastrophe!"

„Jedes Mal, wenn du dich an den Tisch setzt, mach es auf der Südseite", bekräftigte Leonard.

„Wie bitte?"

„Kauf dir einen Kompass und stell dein Bett um, sodass das Kopfende nach Süden zeigt. Mach alles aus jener Richtung."

„Meinen Sie das im Ernst?", fragte ich ungläubig.

„Aber natürlich!", rief er aus. „Es wird dir bewusst machen, was du suchst. Jedes Mal, wenn du den Süden suchst, wirst du dich daran erinnern, dass du die Gefühlsregungen erfahren willst, und du wirst dich ihnen mit größerer Leichtigkeit öffnen."

Sein Vorschlag erschien mir logisch und von jenem Tag an verwendete ich den Kompass, um meinen Platz zu finden. Die Ergebnisse an meiner Person waren erstaunlich, wenn auch definitiv nicht unmittelbar.

Jahre später, in der therapeutischen Arbeit mit Paaren, entwickelte ich eine Technik, bei der ich jeden bat, aus jeder Richtung des Medizinrads zu sprechen und gemeinsam die emotionalen, spirituellen, praktischen und intellektuellen Aspekte einer Angelegenheit zu erkunden, egal ob es ein Rechtsstreit oder eine Entscheidung war. Diese Technik ist äußerst wirksam. In einem nächsten Buch werde ich sicher ausführlicher darüber sprechen.

„Leonard", fragte ich später, während ich vor dem Kaminfeuer sitzend einen köstlichen heißen Tee trank, „viele Male habe ich Personen, Lehrmeister und Autoren vom ‚Krieger' sprechen hören. Sie sprechen von Kriegern des Lichts, spirituellen Kriegern, Kriegern en gros. Ich habe viele Bücher über das Thema gelesen und möchte Sie fragen, wie Sie einen Krieger definieren würden?"

„Ein Krieger ist ein Krieger, ist dir das nicht klar?"

„Nun, im Englischen ist es klarer, weil das Wort ‚brave' gleichzeitig indianischer Krieger und tapfer bedeutet, während man es im Spanischen nur mit ‚tapfer' übersetzt.

„Ich verstehe deine Zweifel nicht, Juan", sagte er, „ein Krieger ist genau dies: ein tapferer Mann. So etwas wie einen feigen Krieger gibt es nicht."

„Einverstanden", bemerkte ich, „aber es muss wohl viele Tapfere geben, die nicht dem roten Weg folgen."

„Das stimmt und in der Gesellschaft, in der wir leben, umso mehr", antwortete er. „Aber es gilt auch dies: Kein Feigling ist jemals auf ihm gegangen. Also ist die erste Eigenschaft eines Kriegers, dass er voll und ganz tapfer ist, auch wenn es nicht die einzige ist."

„Ist dieser Weg nur für Männer oder auch für Frauen?"

Er bewegte den Kopf in einer Geste der Verneinung von der einen Seite zur anderen, und nachdem er laut aufgelacht hatte, erhob er sich. „Ich muss auf die Toilette", sagte er, „ich weiß nicht, was die dummen Fragen haben, dass sie mir stets so auf die Blase schlagen."

Ich sah, wie er verschwand, und in den wenigen Minuten, in denen ich allein war, fühlte ich mich glücklich, sein Freund zu sein.

„Sie sagten, tapfer zu sein, sei die Haupteigenschaft des Kriegers. Welche anderen Eigenschaften hat er?", fragte ich, als er sich wieder ans vergnügt prasselnde Feuer gesetzt hatte.

„Warum willst du das wissen?", fragte er seinerseits.

„Wieso warum?", antwortete ich automatisch, weil ich in Wirklichkeit nicht wusste, was ich sagen sollte.

„Ich glaube, du willst es wissen, weil du denkst, dir würde es gefallen, ein Krieger zu werden. Ja, mehr noch glaube ich, dass du dich bereits wie einer fühlst und wünschst, ich würde es dir bestätigen. Mir scheint, du hältst dich für berufen, Großartiges und Wunderbares zu tun." Er machte eine Pause, um mein Gesicht zu studieren, und ich versuchte verzweifelt, nicht rot zu werden. „Womöglich denkst du sogar, du seist auserwählt, mein Wissen zu erben."

„Natürlich nicht!", protestierte ich immer noch rotwangig und unbehaglich zumute. Er hatte mich auf frischer Tat ertappt. Natürlich fühlte ich mich privilegiert, auserwählt, verschieden von allen; und selbstverständlich wünschte ich, dass kein Geringerer als Leonard Two Eagles, Cherokee-Schamane, mir bestätigte, dass ich ein besserer Mensch sei, dass ich ein großer spiritueller Führer oder mächtiger Schamane werden würde.

„Ich glaube dir“, bemerkte er, während er mich mit einer Grimasse wie eine gerissene Katze schief ansah, und dann sagte er: „Deshalb werde ich deine Frage nicht beantworten.“

„Warum?“, fragte ich verwirrt.

„Weil du gerne Information mit Aktion verwechselst“, war seine verblüffende Antwort.

„Ich begreife nicht.“

„Wie Millionen von Menschen in deiner Kultur glaubst auch du, es reiche zu wissen.“

„Könnten Sie mir ein Beispiel geben?“

„Natürlich, das ist das Einfachste“, sagte er in das Feuer starrend, wobei in seinem Blick eine gewisse Traurigkeit lag. „Die Straßenkinder in deiner Stadt, jeder weiß, dass sie dort sind, dass sie frieren und hungrig sind. Ihr wisst, dass sie krank sind und dass ihre Zukunft nicht sehr vielversprechend ist. Ihr wisst, wie viele es sind, wo sie leben; ihr wisst sogar, warum sie dort sind; und, daran habe ich keinen Zweifel, ihr wisst, dass es zwingend ist, diesbezüglich etwas zu tun, aber“, er machte eine Pause, um mich anzusehen, „tut ihr es?“

Ich senkte den Blick und antwortete: „Es gibt Stiftungen und Freiwillige. Es ist wenig, aber etwas wird getan.“

„Wir sprechen von der gesellschaftlichen Gesamtheit und nicht von einigen wenigen Individuen“, forderte er mich heraus, „tut ihr als Gesellschaft etwas, um das Problem dauerhaft zu lösen?“

Ich sah mich gezwungen, mit Nein zu antworten.

„Und was“, fragte er dann, „machst du als Einzelner?“

„Nichts“, sagte ich, ohne den Blick zu heben.

„Und fühlst du dich schuldig?“, hörte ich ihn sagen.

„Nicht wirklich, weil ich auch weiß, dass es recht wenig ist, was ich als Einzelner tun kann."

Leonard schwieg und dachte nach. Ich vermutete, dass er sich wegen der Antwort, die ich ihm gegeben hatte, über mich ärgerte, und ich fühlte mich schrecklich unsicher. Ohne ein Wort zu sagen, holte der alte Indianer aus seinen Kleidern eine Tasche aus Hirschleder hervor. Sachte zog er drei kleine Pakete heraus, die er vorsichtig auswickelte. Ich fand heraus, dass es eine Zeremonienpfeife war.

Das Stück, in dem man den Tabak verbrennt, war aus rotem Stein und das Loch mit Salbei zugestopft. Feierlich nahm er es in die linke Hand und, nachdem er einen langen Holzstiel ausgewickelt hatte, nahm er diesen in die andere. Mit vor sich ausgestreckten Armen näherte er beide Teil langsam einander und steckte das Holz in den Stein.

„Ist das eine Friedenspfeife?", fragte ich verschüchtert.

„Hat man dir gesagt, dass man sie so nennt?"

„Das habe ich gehört, ja."

„Was du nicht sagst."

„Nennt man sie nicht so?"

„Die Lakota nennen sie Chanupa, und sie dient neben vielem anderen dazu, den Frieden herbeizuführen. Aber darüber werde ich in diesem Moment nicht sprechen."

Ich schwieg und beobachtete, wie er mit den Fingern eine Prise Tabak aus dem dritten Paket nahm und ihn allen vier Himmelsrichtungen darbot, bevor er die Pfeife damit füllte. Dann reichte er mir eine Streichholzschachtel und gab mir mit einer Geste zu verstehen, ich solle ein Streichholz anzünden. So tat ich. Two Eagles nahm ein paar Züge, wobei er den Rauch in seine linke Hand blies und ihn dann über seinen Kopf führte, als ob er sich reinige. Anschließend streckte er die Pfeife mit dem Stielteil gen Osten und murmelte etwas.

Er wandte sich, das Gleiche tuend, nach Westen, Süden und Norden. Er rauchte wieder, und indem er den Stein in der linken Hand wie eine Achse hielt, vollzog er mit dem Schaft eine vollständige Umdrehung im Uhrzeigersinn und bot mir an, sie zu nehmen.

„Nimm den Stein mit der linken Hand in Empfang und mach es dann so wie ich, dass sich der Stiel im Uhrzeigersinn dreht", erklärte er mir, und so tat ich, überwältigt von einer großen Gefühlsregung, obwohl ich nicht genau verstand, was wir taten und warum.

„Durch Drehen des Stiels, lädst du alle Wesen des Universums ein, an der Zeremonie teilzunehmen. Nimm jetzt ein paar Züge, ohne den Rauch in die Lungen gelangen zu lassen. Genieße ihn, lass ihn anschließend langsam in deine linke Hand ausströmen und segne dich mit dem Rauch, wie ich es getan habe."

Ich folgte seinen Anweisungen. Ich rauche nicht und so erschien mir der Geschmack des Tabaks stark und voll. Ich ließ den Rauch ausströmen und badete mich in ihm, während Leonard weitersprach.

„Der Rauch ist die Verbindung zwischen uns und dem Großen Geist. Die Pfeifenzeremonie dient dazu, uns mit dieser Energie zu verbinden, um Wissen zu erlangen. Biete jetzt den Stiel jeder der vier Himmelsrichtungen dar und bitte dabei um Hilfe, um aus dem Herzen zu sprechen, mit absoluter Aufrichtigkeit, und gib sie mir zurück, wie ich sie dir gegeben habe."

So tat ich es. Leonard nahm erneut ein paar Züge und erklärte: „Enkel, ich beschloss, die Pfeife anzuzünden, damit wir auf eine andere Weise, auf einer anderen Ebene, über die wichtigen Dinge sprechen können, die wir erörtern müssen. Wenn zwei oder mehr Personen gemeinsam eine Pfeife rauchen, verpflichten sie sich, die Wahrheit zu sagen, die sich in ihrem Herzen befindet, verstehst du?"

Ich nickte.

„Ich bin mir nicht ganz sicher", sagte er, indem er meinen Gesichtsausdruck studierte, „aber fahren wir fort. In dieser Zeremonie kann nur derjenige sprechen, der die Pfeife in der Hand hält, während die anderen zuhören. Er sollte langsam und respektvoll sprechen, aber vor allem sollte er kraftvoll und aufrichtig sprechen, nicht versuchen, dem anderen zu gefallen, um einen guten Eindruck zu machen.

Wer zuhört, sollte sich vornehmen, zu verstehen, dass der andere aus seinem Herzen mit guten Absichten spricht, und egal, was er sagt, es nicht persönlich nehmen und auf keinen Fall sollte er beleidigt sein. Wenn einer mit dem Sprechen aufgehört hat, gibt er die Pfeife dem, der zu seiner Linken sitzt, damit dieser spreche. Beim Empfang der Pfeife und bevor etwas gesagt wird, ist es nötig, ein wenig zu rauchen, unsere Worte dem Großen Geist darzubieten. Dies ist die Art und Weise, uns zu helfen, in geeigneter und ehrwürdiger Form genau das zu sagen, was wir sagen wollen. Ist das klar?"

Ich nickte wieder.

„Es ist die Art und Weise, auf welche die Vorväter ihre Meinungsverschiedenheiten geregelt haben."

„Das finde ich sehr zivilisiert", fiel ich ihm ins Wort, ohne es zu wollen.

Leonard erinnerte mich durch eine Geste daran, dass ich nur dann sprechen könne, wenn ich die Pfeife in der Hand hielt, nicht vorher.

„Es ist die unzivilisierteste Art, die es gibt", berichtigte er mich ironisch, „denk daran, dass wir Indianer Wilde sind. Die Art und Weise des zivilisierten Mannes, irgendetwas zu regeln, macht eine Waffe nötig. Wir Wilde sprechen mit dem

Herzen, die Zivilisierten erschießen das Herz, das ist nicht dasselbe.“

Er räusperte sich und rauchte aufs Neue. „Ich habe also die Pfeife angezündet, um unser Gespräch über die Kinder fortzusetzen, aber auf einer tiefer gehenden Ebene. Ich muss dir einige Dinge sagen und es ist sehr wichtig, dass du sie nicht persönlich nimmst, dass du zuhörst, anstatt gekränkt zu sein.“

Unverzüglich wurde ich angespannt. „Er hat sich über das geärgert, was ich gesagt habe“, war das Erste, was mir in den Sinn kam. „Er wird mich zusammenstauchen.“

„Ich weiß, dass du Angst davor hast, dass ich dich zurechtweise. Das ist normal. Dein ganzes Leben ist zwischen Examen und Vergleichen mit anderen Personen verstrichen ... so werden Kinder in deiner Kultur erzogen. Aber ich habe nicht die Absicht, dich zu maßregeln, und auch nicht, dir zu zeigen, dass du dich irrst, noch viel weniger, dass du dumm oder ignorant bist.“

Er nahm ein paar lange Züge und fuhr fort: „Das Thema der Straßenkinder ist sehr heikel, Enkel, es ist nichts, was man auf die leichte Schulter nehmen kann. Mein Großvater sagte: ‚Du weißt nicht, was du tun sollst? Schau dir die Kinder an, sie wissen es, beachte sie, sie sind unser Grund, zu existieren.‘ In seinem Volk gab es, egal, wie widrig die Umstände auch waren, niemals Straßenkinder. Keiner fühlte sich schuldig, alle wussten, was sie tun mussten, und taten es. Jedes Mitglied der Gemeinschaft würde lieber verhungern, als zu erlauben, dass ein Kind, irgendein Kind, an Hunger oder Kälte leide. So lebten sie, dies war ihre Art. Es ist der Weg des Lebens, den mir meine Großeltern zeigten. Das ist der rote Weg, der Weg des Kriegers.“

Er hörte auf zu sprechen und sah mich mit einer nicht gekannten Intensität an. „Du, wie viele andere, ihr haltet euch für Krieger, weil ihr mit Information hantiert, weil ihr gewisse Begabungen habt und weil ihr gelernt habt, sie in einer begrenzten Weise zu handhaben. Aber ihr seid es ganz und gar nicht. Dein Benehmen, Enkel, ist das eines ungezogenen und anmaßenden Kindes. Jeder Krieger würde sich schämen, dir die Hand zu reichen."

Meine Augen füllten sich mit Tränen und ein schrecklicher Magenschmerz überkam mich. Eine endlose Reihe von peinlichen Erinnerungen kamen mir in den Sinn. Ich fühlte mich schuldig und schämte mich.

Unerbittlich fuhr Two Eagles fort: „Ich sagte dir, dass ein Krieger voll und ganz tapfer sein muss. Glaubst du, du bist es? Es ist wenig, was du diesbezüglich gezeigt hast. Oder glaubst du, in die Berge zu fliehen und unbequem zu leben, genüge?"

Ich schaute ihn an, als ob vor mir ein prächtiger Dämon säße. Ich liebte, fürchtete und hasste ihn gleichzeitig.

„Da die Dinge so sind, bleibt mir keine andere Wahl, als dich zu bitten ..." Er machte eine Pause, um mich anzusehen.

„... zu verschwinden, du Feigling", vervollständigte ich stillschweigend den Satz. „Ich bin unfähig", dachte ich mit Tränen in den Augen. „Ich bin ein armer Teufel."

„... ich muss dich bitten, in diesem Moment aufzubegehren. Jetzt gleich!"

Ich sah ihn verblüfft an. Ich war nicht an der Reihe, sodass ich ihn nicht unverzüglich fragen konnte, was er meinte.

Nach einer Überlegung, die mir endlos vorkam, fuhr Leonard fort: „Ich verlange, um weiterhin mit dir zu verkehren, dass du aufbegehrst und dass du in einem Kampf auf Leben oder Tod deinen Vätern und Brüdern die Stirn bietest. Ich verlange, dass du eine totale Revolution anführst."

Meine Augen waren so groß wie Teller. Two Eagles lächelte und schaute mich belustigt an.

„Der Unterschied zwischen einem mutigen Mann und einem wahrhaften Krieger“, sagte er durch den Rauch der Pfeife hindurch, „ist, dass der Krieger seinen Mut in den Dienst seiner Widerspenstigkeit stellt. Es gibt keine Krieger, welche das Inakzeptable akzeptieren. Es gibt keine passiven Krieger. Alle, absolut alle, haben sich gegen ihre Eltern und Geschwister aufgelehnt und haben gesiegt. Wie du siehst, geliebter Enkel, bist du noch weit davon entfernt, einer von ihnen zu sein. Du gehst durch die Straßen, siehst, wie die Kinder, angemalt wie Clowns, sich auf zerbrochene Flaschen setzen, um Münzen zu erbitten, und sagst: ‚So ist die Welt, was kann ich tun?‘“

Ich hatte die Dunkelheit tief in mir. Alles erschien mir dunkel und düster. Ich wollte mich verteidigen, aber die Pfeife befand sich weiterhin in seinen Händen. Ich schaute ihn verzweifelt an und suchte, auch wenn es nur ein leichter Anflug von Zuneigung sei, ein Stück Hoffnung.

„Das ist inakzeptabel!“, rief er aus und sagte dann: „Ich habe mit dir über den Weg des Lebens gesprochen, der mir von meinen Verwandten gezeigt wurde. Überprüfe deine Art, dich im Leben zu bewegen, deine Art, es zu spüren. Du sagst, du wirst traurig, wenn du ein Kind auf der Straße siehst, das vielleicht Zement inhaliert, und du sagst, du könntest nichts für dieses Kind tun, außer Schuld zu fühlen und deinen Weg fortzusetzen. Aber die Wahrheit verbirgt sich hinter jener Schuld, hinter diesem Gefühl des Unvermögens, verstehst du?“

Ich sah ihn aufmerksam an.

„Die Wahrheit ist, du handelst nicht, weil es dir Angst macht. Es macht dir Angst, weil es beinhaltet, in einer Art und Weise verantwortlich zu werden, in der deine Taten andere beeinflussen. Es macht dir Angst, weil es gefährlich ist und weil es sehr wahrscheinlich ist, dass du scheiterst, dass man dich kritisiert, und vor allem, weil du Kontakt zu deinen Gefühlsregungen aufnehmen müsstest, um dich mit dieser Aufgabe auseinanderzusetzen … und das gefällt dir ganz und gar nicht. Du bist sehr tapfer, um die Morgenkälte in den Bergen zu ertragen, aber nicht ausreichend, um auf kreative und integre Art und Weise auf die Rufe der Wirklichkeit zu antworten!“

„Mein geliebter Enkel, ich habe schlechte Nachrichten für dich“, schloss er, wobei er eine große Rauchwolke ausstieß. „Du bist von der Seuche angesteckt, welche dabei ist, deine Kultur zu vernichten und die Welt auszurotten: Du leidest an einem schweren Fall von Gleichgültigkeit.“

Nachdem ich seine letzten Worte gehört hatte, fühlte ich offen gesagt, dass mir dieser Anzug nicht passte. Immerhin hatte ich viele Jahre, in denen ich als Heilkünstler arbeitete, einer großen Zahl von Menschen geholfen. Außerdem kümmerte ich mich um ökologische Belange, wobei ich nicht nur versuchte, die Umwelt nicht zu verschmutzen, sondern ich hatte auch mehrere Vorträge zu diesem Thema gehalten.

Trotzdem gab es auch all die Male, in denen ich Nein zu den Straßenkindern gesagt hatte, in denen ich an der Ampel den Kopf wegdrehte, um sie nicht zu sehen, schmutzig, barfuß, Lösungsmittel einatmend, in Lumpen gehüllt.

„Es muss wohl Millionen von Menschen wie mich geben“, dachte ich, „die gut für ihre Kinder sorgen. Gute Menschen, mit gutem Herzen und guten Absichten.“ Aber die Tatsachen waren da: Tausende von Kindern, verloren in den Tiefen der städtischen Kloaken. Ich begriff, dass in unserer Gemeinschaft etwas sehr falsch lief. Etwas ist faul in der Küche unseres Hauses: Die Kinder, die älteren Menschen, die Ureinwohner … sie sind uns egal. Wir sehen sie, sie sind da vor uns, versunken in ihrem Schmerz. Und wir tragen unseren Teil schlicht und einfach nicht bei.

Leonard verstaute die Pfeife feierlich, ohne sie mir auch nur ein einziges weiteres Mal gereicht zu haben.

„He, ich wollte auch sprechen!“, protestierte ich, als er geendet hatte.

„Um was zu sagen?“, fragte er.

„Dass ich verstehe, was Sie mir sagen, aber dass ich glaube, in Wirklichkeit bedeuten die Taten einer einzigen Person in der äußerst komplexen Gesellschaft, in der wir leben, überhaupt nichts.“

„Die einer gewöhnlichen Person nicht“, antwortete er lächelnd wie immer, „aber die eines Kriegers schon. Wenn du den Unterschied verstehst, dann wirst du mit der Pfeife sprechen, zuvor nicht.“

„Warum wollen Sie mir dann nicht erzählen, was ein Krieger ist?“

„Weil das, was ich dir diesbezüglich sagen würde, dich nur behindert.“

„Wie kommen Sie darauf?“

„Ich sagte dir bereits: Information veranlasst nicht zwangsläufig die Handlung.“

„Das verstehe ich nicht“, sagte ich mit den Achseln zuckend.

„Du selbst hast es vorhin gesagt: Es gibt zu viele Bücher, welche von den Eigenschaften eines Kriegers handeln … dass er untadelig sein sollte, dass er keine voreiligen Schlüsse ziehen sollte und all jenes. Die Regale der Buchhandlungen sind voller verlockender Titel und Autoren, die sich selbst Erben der einen oder anderen Tradition oder Schüler des einen oder anderen Meisters nennen. Die Leute lesen sie und glauben, etwas Neues zu erfahren … aber dem ist nicht so. In Wirklichkeit findet man in der Natur selbst jede Information, welche erforderlich ist, um alles zu erlernen. Der wahre Krieger füllt seinen Kopf nicht mit ignorantem Wissen an, das aus Büchern hervorgeht. Mit den Worten des Häuptlings Tatanga Mani: ‚Der zivilisierte Mensch vertraut zu sehr auf die Seiten, die er selbst druckt; ich ziehe es vor, das Buch des Großen Geistes zu lesen, welches die Gesamtheit der Schöpfung ist.'"

„Einverstanden", erwiderte ich, „aber Bücher beinhalten die Erfahrung vieler Menschen. Es ist nicht erforderlich, dass jedes Individuum das Rad neu erfindet. Die in Büchern enthaltene Information bildet die Grundlagen neuer Entdeckungen."

„Gib acht, Enkel!" sagte er liebevoll zu mir. „Wenn du zu einem Tanzfest gehst und du ein schönes Mädchen siehst, das allein ist, und du willst es kennenlernen, so schickst du keinen Unbekannten, um mit ihr zu tanzen, zu reden, mit ihr zu schlafen, um ihn dann zu fragen, wie sie ist, wie sie riecht und wonach ihre Küsse schmecken, nicht wahr? Du selbst gehst, um zu tanzen, dich zu verlieben und um sie zu entdecken. Mit der Wirklichkeit ist es dasselbe. Man muss sie aus erster Hand kennenlernen."

„Sie sagen, dass man ganz und gar zu Lesen aufhören sollte?"

„In der Kultur meiner Großeltern gab es noch nicht einmal Bücher."

„Aber die Umstände sind nicht im Entferntesten die gleichen, Leonard, wir können nicht zu dieser Zeit, zu dieser Lebensweise zurückkehren."

„Gegenwärtig ist ein Buch sehr in Mode, das behauptet, vier tausendjährige toltekische Lehren zu enthalten. Darin beschreibt der Autor sein Rezept, wie man einen untadeligen Krieger bäckt. Er beschreibt die Zutaten, welche er ‚Versprechen' nennt, und er spricht in allen Einzelheiten von den Zubereitungsschritten ... aber er sagt nicht, in welchem Feuer dieser gebacken werden sollte. Er sagt nichts darüber, wie man das Feuer anzündet und auch nicht, welches Brennmaterial zu verwenden ist. Verstehst du? Das ist das Problem mit den Texten dieser Machart."

Er hielt inne, um ein wenig nachzudenken, und sagte dann: „Wenn ich ein Buch über das Wissen meiner Großeltern schriebe, hätte es nur eine einzige Seite und auf dieser fände der Leser diesen Satz: ‚Mach dieses Buch augenblicklich zu und geh hinaus in die Welt, um zu leben.'" Er lachte herzhaft.

„Vielleicht sollte man ein Buch schreiben, welches erklärt, was Sie mir soeben gesagt haben. Es wäre ein lustiges Paradox, mittels eines Buches aufzufordern, nicht so viel zu lesen," riskierte ich zu sagen.

„Und vielleicht bist du es, der es schreibt", lachte Leonard, während er das Feuer schürte.

Wir lachten beide, aber ich glaube, dass der Alte im Voraus wusste, dass das Buch, welches du in deinen Händen hältst, eines Tages das Licht der Welt erblicken und ich es schreiben würde.

Wie man einen untadeligen Krieger bäckt

Ich näherte mich dem Zugang des Inipi, und indem ich meine Stirn auf den Boden presste, sagte ich vor dem Eintreten: „Aho Mitacuye Oyasin!“, was in der Sprache der Lakota „Für alle meine Beziehungen“ bedeutet.

Das Inipi, auch als Sweat Lodge (Schwitzhütte) oder Temazcal bekannt, ist eine kleine, kuppelförmige, aus Weidenästen und Woll- oder Felldecken gefertigte Konstruktion von etwa drei Metern Durchmesser und einem Meter Höhe. Im Innern der Konstruktion, genau im Zentrum, wird ein Loch von etwa dreißig Zentimetern Durchmesser und vierzig Zentimetern Tiefe gegraben, in das rot glühende Steine gelegt werden. Die Teilnehmer an der Zeremonie setzen sich rund um das Loch. Der für die Durchführung des Inipi Verantwortliche spritzt Wasser über die Steine. Der heiße Dampf, die Dunkelheit und die Gesänge haben eine mächtige Wirkung auf das Bewusstsein.

Es war etwa fünf Uhr nachmittags, aber da es Winter war, war die Sonne bereits im Begriff, sich am grünen Horizont der Berge zu verlieren.

„Willkommen, Neffe“, sagte eine der Lakota-Frauen, die in Begleitung einiger Männer gekommen waren, um Leonard an jenem Tag zu besuchen, „rück im Uhrzeigersinn auf und setz dich neben Green Doe, sie wird gut für dich sorgen.“ Alle lachten. Green Doe war eine äußerst hübsche junge Frau von etwa dreißig Jahren.

Als alle eingetreten waren und der Kreis vollständig war, schloss der Mann des Feuers den Zugang und wir waren in Dunkelheit getaucht. Im Zentrum schimmerten vierzehn weiß glühende Steine, welche auf feierliche Art und Weise mehrere Stunden lang auf einem gewaltigen Scheiterhaufen erhitzt worden waren. Trotz der fürchterlichen Kälte draußen, herrschte innerhalb des kreisförmigen Raumes eine drückende Hitze.

Die dralle Frau, die mich willkommen geheißen hatte, stimmte kraftvoll ein traditionelles Lied in der Sprache der Lakota an. Die Übrigen begleiteten sie und sangen gemeinsam mit ihr in voller Lautstärke. Die Stimmen vermischten sich plötzlich mit dem Zischen des Wassers, das aufspritzte, als es auf die inzwischen rot glühenden Steine geschüttet wurde. Eine Hitzewelle kam auf uns herab. Die Lautstärke der Gesänge nahm zu. Die Frau goss weiter Wasser auf die Steine, wodurch jedes Mal stärkere Hitzewellen hervorgerufen wurden. Während der Zeremonie wurden weitere Steine hineingetragen, doch das nahm ich nur am Rande wahr. Ich fühlte, wie mein Verstand sich zwischen den Gesängen auflöste, dass das einzig Wachsame mein Herz war. Seine ohrenbetäubenden Schläge, welche wie Kriegstrommeln in meinen Schläfen hämmerten, luden mich ein, zu singen … und so tat ich, indem ich die Laute wiederholte, die ich hörte, ohne die Bedeutung der Worte zu kennen, die ich mit voller Kraft schrie.

Plötzlich brach etwas ab, die Beständigkeit der Zeit verschwand, und ich konnte meine Augen nur mit Mühe öffnen. Der Schimmer der Steine war beinah ganz erloschen. Ich fühlte das Pochen meines Herzens in den Schläfen wie einen

Lärm von verrückt gewordenen Trommeln. Überfließende Bäche von Schweiß versuchten vergeblich, meinen Rücken zu kühlen.

Vage nahm ich mein Weinen wahr. Ich hatte mich soeben an eines der traurigsten Ereignisse meines Lebens erinnert: den Verrat meiner Frau. Es waren mehr als fünf Jahre vergangen und in jener Zeit hatte die Intensität der Erinnerung an ihren wie schwerelos auf dem Bett ruhenden Körper, an ihre blauen Augen, welche sich wie verängstigte Blüten öffneten, als sie erfuhr, dass ich es wusste, kein bisschen abgenommen. Ich erinnerte mich, wie sie sich schämte, als sie sich entdeckt fühlte, und wie ich, gleich Adam im Paradies ein Feigenblatt suchte, um mich zu bedecken, denn auch ich fühlte Scham, sie entdeckt zu haben. Aber es gab keine Feigenbäume und wir waren nicht im Paradies. Ich erinnerte mich, wie wir uns flüchtig aus unserer Blöße her ansahen und nicht wussten, was wir tun sollten.

Manchmal ist die Wahrheit ein Dolch, ein düsterer Spiegel. Manchmal gibt es nichts, wo man sich vor der Wahrheit verstecken könnte, und der Mund, der sie ausspricht, wird entsetzlich bitter und fürchtet sich für alle Zeiten davor, sich wieder zu öffnen.

Es blieb keine andere Wahl. Es war klar, dass wir nicht wieder ineinander verschlungen schlafen würden und dass keiner unserer gemeinsamen Träume im sicheren Hafen landen würde. So enden Ehen, wenn sie enden: Sie verrotten auf dem Friedhof der Träume.

Ich war allein und ich bot der Welt die Stirn. Ich wollte alles zerstören, alles töten. Was ich am meisten hasste, war, dass mich niemand retten konnte. Die ungeschickten Zeichen von Solidarität und das Staunen meiner Freunde ließen meine Augen vor Scham rot werden. In der Zwischenzeit reifte im Bauch meiner Frau die Tochter eines anderen heran.

Ein weiterer Wasserschwall auf die glühenden Steine verursachte ein dumpfes Heulen und brachte mich wieder in das Inipi zurück. Die Gesänge hatten aufgehört und das einzige Geräusch war das Brodeln des Wassers, welches zwischen den Steinen kochte.

„Hier sind wir im Leib der Mutter. Das Inipi ist der Uterus. Wer sich in ihn hineinbegibt, will wiedergeboren werden", sagte die dralle Frau, deren Name Water Woman war, wie ich später erfuhr.

„Hast du die panische Angst gespürt, die plötzlich aufkommt, wenn dir klar wird, dass du dein Leben verschwendest?", fuhr sie fort. „Passiert es dir nicht manchmal, dass du am Morgen aufwachst, um auf absurde Weise Dinge zu erleben ... wie die Gewissheit, dass du in Wirklichkeit scheiterst, wenn du triumphierst, wie etwa, dass die Kerzen auf deinem Geburtstagskuchen kein Wachs verbrennen, sondern zunichtegemachte Träume? Erstaunt es dich nicht, wie manchmal Lügen aus deinem Munde heraussprudeln, ohne dass du überhaupt versucht hast, zu sprechen? Dass du dich gegenüber denen verteidigst, die dich nicht angreifen? Ist es dir passiert, dass du zurückschaust und dich nicht als Urheber der Entscheidungen erkennst, welche dich als Mann oder Frau geformt haben? Hast du hinter einigen von ihnen den Gestank des Wunsches, anderen zu gefallen, riechen können?"

Nach einer Pause, welche sie dazu verwendete, um große Mengen von Wasser auf die Steine zu gießen und die Temperatur auf ein beinah unerträgliches Niveau anzuheben, fuhr sie fort: „Warst du es niemals überdrüssig, das Leben zu leben, welches du jetzt lebst, dich so zu täuschen, eine abwesende Figur auf deinem Weg zu sein, so lang traurig zu sein?"

Sie hüllte sich wieder in Schweigen und nachdem sie ein paar Schöpflöffel Wasser über die Steine gegossen hatte, sagte sie: „Ich schon. Sehr viele Male. Zu viele."

Als die Gruppe diese Worte gehört hatte, begann sie, Schluchzer von sich zu geben und mit den Händen auf den Erdboden zu schlagen. Ich bemerkte, dass Green Doe weinte und fühlte mich zutiefst ergriffen. Die Worte von Water Woman hatten Gewicht. Sie sanken tief in unsere Herzen, die wir sie hörten.

Plötzlich schrie sie: „Sag mir, wenn du kannst, was du dagegen tust? Denn du wirst mit mir übereinstimmen: Etwas muss getan werden, irgendetwas, außer das Leben auf diese Art und Weise zu verschwenden." Und dann sprach sie mit großem Nachdruck diese verblüffenden Worte aus: „Willst du wissen, was ich getan habe? Ich bin davongelaufen. Ich bin geflohen vor meinem Leben in der Stadt, vor dem Alkohol, vor meinen Freunden, vor meinem Exmann, vor der Religion, vor dem Leiden, vor meinem Großvater väterlicherseits, vor den ‚anständigen Dingen', vor den großen und schnellen Autos, vor den nicht erreichbaren Sehnsüchten meiner Mutter, die ich zu den meinen gemacht hatte, als ich ein Teenager war. So ist es! Ich nahm all meinen Mut der Kriegerin zusammen und lief davon!"

Die Zeremonie dauerte einige Stunden länger. Aber diese letzten Worte blieben die ganze Zeit über in meinem Bewusstsein. Bis zum Schluss, es waren etwa vierzig Steine im Zentrum des Inipi, die Hitze war derart stark, dass meine Atmung unwillkürlich innehielt und der Wunsch, hinauszulaufen, so intensiv war, dass ich es kaum fertigbrachte, ihn zu unterdrücken. In einem besonders kritischen Moment, als meine Lungen sich unter Krämpfen weigerten, den heißen Dampf einzuatmen, ergriff Green Does Hand die meine und ich drückte sie fest. Da wusste ich, ich war nicht allein, und schaffte es, zu atmen und mich zu beherrschen.

Als wir aus dem Inipi hinaustraten, war es Nacht und es schneite. Unsere Körper verströmten einen Dampf, der sie einhüllte und sie unbestimmt, kaum wahrnehmbar erscheinen ließ. Green Doe und ich näherten uns dem Feuer, welches, umgeben von Schnee, noch immer brannte. Wir umarmten uns und ich weinte.

Später setzten wir uns, eingehüllt in Wolldecken, im Wohnzimmer des Hauses in einem Kreis zusammen. Alle wiesen darauf hin, wie intensiv und wie nützlich die Zeremonie gewesen sei.

„Sie haben gesagt, Sie hätten all Ihren Mut der Kriegerin zusammengenommen und seien davongelaufen, um etwas für Ihr Leben zu tun“, fragte ich Water Woman. „Sollte es nicht andersherum sein? All seinen Mut zusammennehmen und bleiben, um zu kämpfen?“

„Ein Freund sagte mir, davonzulaufen löse gar nichts, es sei erforderlich, sich den Lebenskonflikten zu stellen“, antwortete die gewaltige Frau. „Ich sage, wenn sich dein Leben in ein Gefängnis verwandelt hat, wenn das, was du in der tagtäglichen Routine tust, einem Exekutionskommando gleicht, welches die Freude am Leben durchlöchert … dann läufst du davon; ich sage, dass du abhaust, ohne dich umzusehen.“

„Ich verstehe“, bemerkte ich, „in diesem Fall ist das Wort ‚davonlaufen‘ vielleicht nicht das richtige … vielleicht sollten wir zu etwas hinlaufen, anstatt abzuhauen.“

„Es geht darum, dem Gefängnis zu entfliehen, nicht die Zelle zu wechseln“, antwortete Water Woman.

„Wenn du wirklich davonläufst, ist es unmöglich zu wissen, wohin du dich begibst, denn alles, was sich außerhalb des Käfigs befindet, wird dir unbekannt sein“, schloss sie.

„Ich kann mich nicht ändern, wenn ich nicht weiß, in was ich mich verwandeln möchte“, widerlegte ich.

„Und wenn ich mich in gar nichts verwandeln möchte?“, fragte sie. „In der Tat scheint mir, dass das genau das Problem ist, dass ich in etwas verwandelt werde, was nichts mit mir zu tun hat. Wir alle werden in wer weiß was verwandelt“, schloss sie.

„Was machst du, wenn am Ende eines Hohlweges ein Rudel wütender Wölfe auftaucht? Stellst du dich ihnen, wissend, dass du sterben wirst, dass du nicht die geringste Chance hast, sie durch einen Frontalangriff zu besiegen? Oder fliehst du und rettest dich so“, fragte Two Eagles.

„Einverstanden“, sagte ich, „aber wir reden nicht von Wölfen, sondern von Menschen. Water Woman sagte, sie benötigte all ihren Mut, um davonzulaufen. Meiner Ansicht nach, und ich sage es mit allem Respekt, laufen nur Feiglinge davon.“

„Du irrst dich, Neffe“, schaltete Little Hawk, einer der Begleiter von Water Woman sich ein, „du lässt zu, dass die Worte dich verwirren und suchst nicht weiter über sie hinaus. Was Großmutter meint, ist, dass der Krieger all seinen Mut zusammennehmen muss, um das hinter sich zu lassen, was ihn, als Liebe verkleidet, versklavt hat.“

„Wie, was?“, fragte ich.

„Ich erkläre es dir so“, antwortete der alte Indianer, „du wurdest mitten in eine große Herde geboren. Von deinen ersten Tagen an hast du die Aufmerksamkeit und die Fürsorge deiner Schäfer bekommen. Sie haben dir Nahrung und Zuneigung gegeben. In Gesellschaft der übrigen Schafe hast du dich sicher gefühlt. Deine Schäfer und der Rest der Herde haben dich gehegt und beschützt. Sie haben dir jedes Mal bestätigt, dass du ein Schäfchen bist. Sie haben dir auch beigebracht, dich vor dem Wolf zu fürchten, und dich davon überzeugt, dass du nur in der Herde sicher sein und nur so vermeiden wirst, gefressen zu werden."

Wir alle lauschten aufmerksam den Worten Little Hawks, der langsam sprach.

„Plötzlich", fuhr der Alte fort, „erkennst du, ohne genau zu wissen wie, dass alles falsch ist, entdeckst du, dass die Schäfer dich scheren und schlachten wollen, dass die Herde in Wirklichkeit ein Heer von Sklaven ist. Am Anfang streitest du ab, dass diese neue Sichtweise die Wahrheit ist, weil du die Herde liebst, weil du die Schäfer liebst, aber im Laufe der Zeit wird die Gewissheit jeden Tag größer, bis du nicht mehr im Geringsten zweifelst: Du weißt, dass alles Lüge ist und dass du verrückt werden oder vor Traurigkeit sterben wirst, wenn du noch länger hier bleibst. In dir keimt der Wunsch, zu fliehen, aber einerseits fürchtest du den Wolf und andererseits denkst du, deine Pflicht sei es, bei der Herde zu bleiben und so Dankbarkeit zu zeigen ..." Er schwieg und starrte mich an.

„Wer sind die Schäfer?", fragte ich ängstlich, um meine Vermutungen diesbezüglich zu bestätigen.

„Du weißt es", sagte Little Hawk nur.

Die Worte Two Eagles' dröhnten in meinen Ohren: „Du solltest auf Leben und Tod gegen deine Väter und Brüder kämpfen ..." In Wirklichkeit war es nicht, gegen sie zu kämpfen, sondern gegen meinen mächtigen Wunsch, ihnen zu gefallen, um im Austausch ihre Zustimmung und ihre Zuneigung zu erhalten. Water Woman sagte die Wahrheit: Es erfordert gewaltigen Mut, Grundüberzeugungen und Familie zurückzulassen und in die Welt hinauszugehen, um genau du selbst zu sein. Mir wurde klar, dass zu fliehen, die einzige Alternative ist, die größte Aufsässigkeit … und dass unerschöpflicher Mut erforderlich ist, um das zu tun und nicht umzudrehen.

„Aber mach dir keine Sorgen“, rief Two Eagles aus, womit er meine Grübeleien unterbrach und sich erhob, während er mit den Armen seine Decke ausbreitete, als seien sie Vampirflügel. „Für dich ist es zu spät! Du bist in die Wolfshöhle gefallen!“ Und während er wie verrückt heulte, stürzte er sich lauthals lachend auf mich, um mich zu kitzeln. Inmitten des Kampfes konnte ich das breite Lächeln von Green Doe sehen und etwas in meinem Innern füllte sich mit Licht.

Sehr viel später, als alle gegangen waren, zündeten Leonard und ich das Kaminfeuer an und setzten uns, um uns zu unterhalten.

„Dir gefällt Green Doe, he?“, fragte er spöttisch.

„Sie ist hübsch“, antwortete ich schamrot.

„Vergiss sie, sie ist außerhalb deiner Kategorie“, bemerkte er.

„Warum?“

„Weil sie, im Unterschied zu dir, nicht in einer Schafherde, sondern in einem Wolfsrudel geboren wurde.“

„Aber ich bin kein Schaf mehr“, protestierte ich.

„Aber auch kein Wolf“, sagte Leonard.

„Was bin ich dann?“

„Gute Frage, gute Frage“, sagte er und starte mich an, als ob er mich gewissenhaft studierte.

„Heute habe ich etwas verstanden“, sagte ich nach sehr langem Schweigen.

„Ja?“, fragte Leonard.

„Ich habe verstanden, warum Sie sagen, dass gewisse Bücher und Kenntnisse den Krieger behindern, anstatt ihm zu helfen.“

„Und?“

„Anscheinend beinhalten die Bücher, wie jenes von den Versprechen, die vollständigen Anweisungen, wie man sich selbst in einen Krieger verwandelt; aber sie lassen einen grundlegenden Teil aus.“

„Und welcher Teil ist das?“ fragte der alte Meister.

„Sie unterlassen es, zu sagen, dass ihr Inhalt an den Verstand gerichtet ist, und dass der Verstand in keinem Fall ein Instrument zur Befreiung ist. Mir scheint, die Autoren solcher Bücher sind ebenfalls eine Art von Schäfern.“

Leonard schaute mich an und lud mich ein, weiterzusprechen.

„Egal, wie viele Bücher man liest, nichts ist zum Beispiel mit der Erfahrung des Inipi vergleichbar. Niemals hatte ich etwas so“, ich legte eine Pause ein, um die Worte zu suchen, „intensiv Wirkliches erlebt“, sagte ich schließlich.

Leonard schaute mich unerschütterlich an.

„Trotzdem“, führte ich fort, „auch unter Berücksichtigung dessen, was ich gerade gesagt habe, bin ich dennoch zufällig auf gewisse, sehr mächtige Bücher gestoßen, anders als die anderen.“

„Was ist der Unterschied?“, fragte Leonard aufrichtig interessiert.

„Die Bücher, welche sich an den Verstand richten, beinhalten Anweisungen darüber, wie man leben sollte. Nur Schafe können so etwas lesen wollen! Wie sagten Sie: Sie bieten leicht verdauliche Rezepte und Erklärungen und dienen nur dazu, die unruhigen Schafe zu beruhigen.“

„Aber der Krieger sucht etwas anderes“, fuhr ich fort, „er will nicht, dass ihm ein Glas Wasser gebracht wird, damit er seinen Durst löschen kann; er will die Quelle entdecken, aus der das Dasein hervorsprudelt, um in sie einzutauchen! Und ich habe derartige Bücher gelesen, welche keine Placebos sind, sondern Dolche, um die Gitter des Gefängnisses einzureißen."

„In welchem Moment ist dir dies alles klar geworden?", fragte er interessiert.

„Vor zwei Minuten", antwortete ich, „gerade jetzt, während wir dem Feuer zuschauten."

„Es ist fantastisch, nicht wahr?"

„Ja", antwortete ich einfach, „außerhalb der Schafhürde ist alles fantastisch."

Ich wendete den Blick vom Feuer ab, um ihn anzusehen; er lächelte wie immer.

„Woher hattest du das Geld, um mich zu besuchen?", fragte er nach einer Weile.

„Ich habe all meine ehemaligen Patienten angerufen und ihnen gesagt, ich bräuchte Geld, um eine Reise zu unternehmen. Einige gaben mir ihre Unterstützung in Form von Bargeld und andere empfahlen mich ihren Verwandten und Freunden. Ich habe sehr hart als Heilkünstler gearbeitet und viel mehr zusammengebracht, als ich brauchte, um hierherzukommen. Tatsächlich habe ich eine lange Liste von Patienten, die darauf warten, dass ich zurückkomme. Ich tat einfach das, was ich am besten kann und was mir am besten gefällt."

„Es ist ein Paradoxon", bemerkte Leonard, „aber es ist die gleiche Herde, welche dem Krieger hilft, auszubrechen, wenn sie erst einmal sieht, dass er vollends entschlossen ist, bereit zu sterben. Es ist die Art und Weise, die sie hat, um ihre eigene Befreiung zu suchen. Der Krieger vergisst niemals diese Schuld und tut, was er tun muss, um sie zu bezahlen."

„Zu diesem Zeitpunkt", fuhr er fort, „solltest du schon wissen, dass es nicht genügt, aus der Schafhürde zu fliehen, sondern dass der Weg des Kriegers sehr lang ist."

„So lang, wie ihn das Medizinrad kennzeichnet", bemerkte ich, mir dessen bewusst, dass ich noch viel Boden gutzumachen hatte, besonders an der Südpforte, der Pforte der Gefühlsregungen.

„Genau!" rief Leonard aus und gab mir einen Klaps auf den Schenkel, „Genau so ist es. Deshalb sagen wir, dass Krieger Einzelgänger sind, weil keiner denselben Weg vorgezeichnet hat wie ein anderer. Wir alle erfüllen die gleiche Aufgabe, aber jeder geht allein. Mir gefallen Bücher nicht, aber dir schon. Schreib, Enkel, geh diesen Weg und komm, um mir zu erzählen, was du entdeckst."

Ich schwieg, weil ich vorausahnte, dass der Abschied nahe war. Ich fühlte eine große Traurigkeit, aber gleichzeitig einen enormen Optimismus. Leonard und ich hatten vieles gemeinsam und unsere Beziehung würde fünfzehn Jahre dauern. Aber an jenem Tag wusste ich, dass eine fundamentale Etappe zu Ende ging.

„Übrigens", sagte er mit einem Lächeln, „weißt du schon, auf welchem Feuer man den untadeligen Krieger backen muss?"

Ich schaute den alten Indianer mit einem Blick an, den ich niemals zuvor hatte: „Man bäckt ihn auf einem Feuer der Selbstliebe", sagte ich überzeugt. „Einen Krieger kann man nur auf seinem eigenen Feuer backen."

Leonard Two Eagles zog aus seinen Kleidern die alte Pfeife hervor. „Heute Nacht werden wir rauchen", sprach er, „und du wirst sagen können, was du willst."

Persönliche Macht

Auf dem Weg zum Flughafen sagte Leonard, er wolle mit mir über die persönliche Macht sprechen, weshalb er das Auto auf einem an die Autobahn angrenzenden Rastplatz in der Nähe eines Waldgebietes hielt. Nachdem wir uns ein wenig vom Auto entfernt hatten, lud er mich ein, uns auf den schneebedeckten Boden zu setzen.

„Erinnerst du dich daran, dass ich dir sagte, die Auswirkungen der Taten eines gewöhnlichen Menschen und der eines Kriegers auf die Welt seien unterschiedlich?“, fragte er.

„Ja.“

„Das ist so, weil der Krieger viel mehr persönliche Macht hat.“

„Was meinen Sie damit?“

„Sprechen wir zuerst darüber, was persönliche Macht ist. Wie der Name andeutet, hat persönliche Macht nichts mit den Mitmenschen zu tun. Es ist eine innerliche, eigene Macht, welche darauf basiert, was die Psychologen Selbstwertgefühl nennen.“

„Wie kommt es, dass sie nichts mit den Mitmenschen zu tun hat?“, fragte ich.

„Die politische Macht, beispielsweise“, antwortete er, „wird auf andere ausgeübt. Tatsächlich wird sie definiert als die Fähigkeit, jemanden dazu zu zwingen, etwas zu tun, was er nicht will, ohne Gefahr vor Vergeltungsmaßnahmen. Wirtschaftliche Macht versucht andere zu beherrschen, indem diese sie kauft, und so weiter. Verstehst du?“

Ich nickte.

„Es existiert eine weitere Art innerlicher Macht, die nichts mit anderen zu tun hat, aber die auch versucht, etwas zu beherrschen, die Zukunft zum Beispiel. Wahre persönliche Macht jedoch strebt nicht die Kontrolle an, sie dient weder dazu, jemanden zu beherrschen, noch etwas zu verändern, nicht einmal dich selbst. Die persönliche Macht wird einzig und allein dazu verwendet, den eigenen Weg im Einklang mit der Welt zu gehen. Dies wird ‚untadelig sein‘ genannt.“

„Im Fall meiner Vorfahren“, fuhr er fort, „ist dies sehr augenscheinlich. Da sie ein Volk freier und brillanter Menschen waren, zogen sie es vor, sich nicht niederzulassen, um Städte zu gründen. Ich betone: Es ist nicht so, dass sie nicht gewusst hätten, wie man sie errichtet, sie entschieden sich bewusst dagegen, weil sie die unheilvollen Auswirkungen, so zu leben, vorhersehen konnten. Bei der Ankunft des weißen Mannes lebte die Mehrheit halbnomadisch im Einklang mit den natürlichen Zyklen. Niemals veränderte ein Indianer den Lauf eines Flusses oder tötete unnötigerweise einen Büffel. Häuptling Joseph, einer der namhaftesten indianischen Philosophen sagte: ‚Wir begnügten uns damit, die Dinge genau so zu lassen, wie der Große Geist sie erschaffen hatte.‘“

„Die Dinge ändern sich von selbst, wir wollten nichts verändern, wir wollten keine Macht ausüben“, schloss er und schaute die Bäume an, die uns umgaben.

„Dies ist die Art, seinen Weg zu gehen, die derjenige erlernt, der auf dem Pfad fortschreitet, den das große Rad des Lebens, das Medizinrad kennzeichnet“, fuhr er fort. „Der Krieger, der das tut, erreicht eine zutiefst ethische Lebensweise, vollkommen harmonisch mit der Natur.“ In seine Augen passte kaum die Intensität seiner Worte.

„Wie du siehst, geht es nicht darum, etwas zu tun, beispielsweise aufzuhören zu lügen, um ethisch zu handeln. Es ist genau das Gegenteil: Wer im Einklang mit der Welt lebt, kann nicht lügen; der untadelige Krieger versucht nicht, Ethik zu praktizieren, er verkörpert sie! Auf diese unsere Eigenschaft griff der weiße Mann zurück, um uns zu berauben. Wir unterzeichneten mit ihm Hunderte von Abkommen und alle wurden gebrochen, keines davon von uns. Hätten wir gelogen, um unser Land zu retten? Nein, niemals. Kein Krieger dachte jemals daran, er konnte nicht daran denken, verstehst du?“

Two Eagles hüllte sich in Schweigen, während ich seine Worte abwägte. Es war keine Bitterkeit in ihnen und auch keine Resignation. Er sprach objektiv aus, was seinen Großeltern passiert war, nicht mehr.

„Du hast vor einiger Zeit etwas gesagt, Enkel“, fuhr er nach einer Weile fort. „Du sagtest, die Zeiten hätten sich geändert, und die Lebensweise, welche meine Großväter mir vererbten, passe nicht mehr in die Welt des modernen Menschen. Denkst du jetzt, nach allem, was du erlebt hast, noch immer so?“

Ich wusste nicht, was ich antworten sollte.

Leonard Two Eagles erhob sich schweigend und ging schwerfällig zum Auto. Wir fuhren schweigend zum Flughafen. Als ich ihn umarmte, überflutete mich ein intensiver Schmerz. Während des Fluges dachte ich wie besessen über eine einzige Sache nach: Wie kann man das überlieferte Wissen der Indiander Nordamerikas an das heutige Leben anpassen.

Aus der Luft betrachtet, sieht Mexiko-Stadt wie eine große Qualle aus. Beim Blick aus dem Fenster des Flugzeugs fühlte ich einen Stoß vor die Brust. Ich erinnerte mich daran, dass Leonard mir einst sagte: „Ein Krieger sieht eine Widrigkeit nicht als ein Problem, sondern als eine Herausforderung."

Die Räder des Flugzeugs quietschten, als sie den Boden berührten. Während ich auf mein Gepäck wartete, öffnete ich das Heft, das ich im Rucksack trug und in das ich ein Medizinrad gezeichnet hatte. „Der Weg ist sehr lang", dachte ich, „aber jetzt habe ich eine Karte."

Bereits zu Hause, ohne Licht auf dem Bett liegend, dachte ich ein wenig über alles nach, was ich in diesen Monaten gelernt hatte. Ich begriff, dass Gleichgültigkeit eine unheilbare Krankheit ist, und ich wurde mir klar darüber, dass das alte Sprichwort „Derjenige, der die Kuh tötet, ist genauso schuldig wie derjenige, der sie am Bein packt" unvollständig war. Man musste hinzufügen: „genauso wie derjenige, der sich abwendet". Ich begriff auch, dass die unmittelbare Lebenserfahrung die wahre Quelle der Erkenntnis ist, und dass diese nicht durch Bücher ersetzt werden kann. Niemand kann dir beibringen, frei zu sein.

Vielleicht war für mich das Wichtigste, zu entdecken, dass die Gesellschaft, in der wir leben, durch Abkommen zusammengehalten wird, welche auf Lügen basieren. Die Schafe der gesellschaftlichen Herde ziehen es aus Feigheit vor, den durch die Schäfer in ihre Gehirne eingepflanzten Trugbildern der Sicherheit und Bequemlichkeit zu folgen, anstatt die Richtung zu korrigieren, um sich zur Oase der Freiheit zu begeben, welche der einzige Ort ist, wo wie aus einer unerschöpflichen Quelle die wahre Liebe hervorquillt, und um so zu vermeiden, zu sterben, wie sie sterben: an Durst und aus Traurigkeit.

Wir können nicht zum Lebensstil der alten Indianer Nordamerikas zurückkehren, dafür ist es viel zu spät. Aber wir können sehr wohl anfangen, unsere Zivilisation zu ändern. Wir können sie in Bewegung setzen, dass sie einmal aus der Westpforte hinaustritt, wo sie seit Jahrhunderten in einem Prozess übermäßiger Anhäufung steckt, und es fertigbringen, dass sie nach Osten weitergeht, damit sie ihre Spiritualität wiedergewinnt; nach Süden, wo sie wieder auf das Mitgefühl treffen kann; und nach Norden, in einer endgültigen Reise zur Wahrheit.

Nachwort

Alle in dieser Schilderung dargestellten Personen sind real, und gleichzeitig sind sie es nicht. Die Begebenheiten, über die ich berichte, ereigneten sich praktisch so, wie ich sie niedergeschrieben habe, wenn auch nicht zwangsläufig in der Reihenfolge, in der sie in diesem Buch erscheinen. Die kurze Erzählung erstreckte sich in Wirklichkeit über einen Zeitraum von zwanzig Jahren meines Lebens.

Ich habe fiktive Namen verwendet und in einigen Fällen habe ich die Lehren und Persönlichkeiten mehrerer Lehrmeister in einem vereinigt.

Ich beanspruche nicht, ein Buch der Anthropologie geschrieben zu haben, und auch nicht, ein Experte in Religion oder Philosophie der Indianer Nordamerikas zu sein. Ich habe eine Geschichtensammlung verfasst und ich habe so über die Lehren gesprochen, welche ich erhalten habe, wie ich sie begreifen konnte.

Das Medizinrad ist ein so tiefer und unerschöpflicher Strom wie die Schönheit der Welt. Mögen die Mühen dazu beitragen, die wenigen Dinge zu bewahren, welche bleiben, „genau so, wie der Große Geist sie schuf".

Widmung

Den Häuptlingen Sitting Bull, Joseph, Seattle, Red Jacket, Dan George, Maquinna, Crazy Horse, Red Cloud, Geronimo und allen Ureinwohnern, die bei der Verteidigung ihres Territoriums und ihres Weltbildes irgendwo auf der Erde kämpften und starben. Denen, die es immer noch tun. Danke für euer Vermächtnis.

Will Rockingbear und den Häuptlingen des Sonnentanzes: Häuptling Norman, Häuptling Little Buck und ganz besonders Onkel Leonard Crow Dog. Für ihr Beispiel an Mut.

Marco Amezcua, Victor Díaz Guerrero, Capri und meinem Bruder und Paten Chicken Man. Für ihre Lehren und ihre persönliche Unterstützung. Hoka Hey!*

Für Tihui.

Für Großmutter Mayo.

---

* Anm. des Übers.: Schlachtruf von Crazy Horse: „Es ist ein guter Tag zum Sterben."

Mach dieses Buch unverzüglich zu
und geh hinaus in die Welt,
um zu leben!

Spiritualität und Heilung

293 Seiten
Taschenbuch
978-3-932130-25-0

Deepak Chopra

Die heilende Kraft

In diesem Buch verbindet Deepak Chopra die Erkenntnisse der modernen Molekularbiologie und Vorstellungen der Quantenphysik, integriert sie in die Lehre des Ayurveda, der Wissenschaft vom Leben.

Die Natur hat den menschlichen Körper so erschaffen, dass er alle Medikamente selbst erzeugen kann, und zwar in der richtigen Dosierung und ganz ohne Nebenwirkungen. Wenn wir lernen, die uns innewohnenden selbstheilenden Kräfte zur Entfaltung zu bringen, steht uns das wichtigste und wirkungsvollste Instrument der Heilung zur Verfügung.

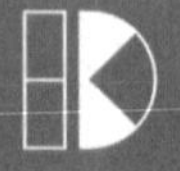

Lebensfragen

144 Seiten
Gebunden mit Schutzumschlag
978-3-932130-65-6

Safi Nidiaye

Der Schlüssel liegt im Herzen

Bewusste Wahrnehmung von Gefühlen ist der Weg zur Freiheit. Auf dem Weg der bewussten Wahrnehmung und geführt von ihrer Intuition, entdeckte die Autorin Safi Nidiaye diese Methode, die fast jedes Lebensproblem lösen, unsere tiefsten emotionalen Wunden heilen, unsere Herzen öffnen und uns von all den fremden Bürden befreien kann, die wir uns unbewusst aufgeladen haben. Und das alles ohne Selbstvergewaltigung, ohne Strategien, ohne etwas zu tun – außer wahrzunehmen.

Safi Nidiaye nannte diese Methode "Körperzentrierte Herzensarbeit".

Vieles kann uns das Leben erschweren: Körperliche Beschwerden, Ängste, Existenzsorgen, mangelndes Selbstvertrauen, konfliktreiche Beziehungen, Überforderung... Die Liste unserer belastenden Befindlichkeiten könnte noch lange fortgesetzt werden... Doch es gibt eine Möglichkeit, sie aufzulösen. Nicht in der äußeren Situation, nicht im Verstand, sondern im Herzen liegt der Schlüssel dazu.